Ulrike Fokken

Der Sherry, el Toro und die Erdbeerpflücker

Südspanische Siestas

Ulrike Fokken

Der Sherry, el Toro und die Erdbeerpflücker

Südspanische Siestas

Picus Lesereisen

Picus Verlag Wien

Für I. F., die Geografin

Grafische Gestaltung: Dorothea Löcker, Wien
Umschlagabbildung: Spanisches Fremdenverkehrsamt
Druck und Verarbeitung:
Druckerei Remaprint, Wien
ISBN 3-85452-785-3

Informationen über das aktuelle Programm
des Picus Verlags und Veranstaltungen unter
www.picus.at

Inhalt

Vorwort

In Spaniens Süden war ich das erste Mal mit dreizehn Jahren. Ich reiste mit dem Finger auf der Landkarte den Guadalquivir hinauf. Ich erkundete das Delta und die Sümpfe, durch die wilde Pferde ziehen sollten und deren Weiten Zigeuner mit Planwagen durchfuhren, wie ich hörte. Flamingos lebten dort, gar Affen. Tropische Pflanzen und exotische Früchte sollten da an der linken unteren Ecke Spaniens wachsen und die Aussicht auf Abenteuer und Wildnis faszinierte mich sehr. Von den Menschen hatte ich gar keine Vorstellung und hörte nur, dass die Frauen in bunten Kleidern auf der Straße tanzten und sangen. Aber dieser Name – Guadalquivir – ließ mich nicht mehr los. Andalusien hatte mich gepackt, bevor ich überhaupt dort war.

Vermutlich haben alle Reisenden, bevor sie das erste Mal nach Südspanien kommen, ein Bild im Kopf. Denn es gibt wohl kaum eine Region in Europa, über die annähernd so viele Mythen existieren wie über Andalusien. Die hartnäckigsten stammen aus dem 19. Jahrhundert, als englische und französische Schriftsteller Andalusien bereisten und ihr romantisch verklärtes Bild in unzähligen Büchern und Artikeln verbreiteten. Seit der Romantik ist Andalusien das Land der schönen, heißblütigen Frauen, der stolzen Männer, der Verführer, der mutigen Toreros und der ewig Flamenco singenden und tanzenden Zigeuner. Ein Land, in dem ehrenwerte Männer als Räuber durch die Berge ziehen und Edelmut noch eine Tugend ist. Andalusien, das Land der ewigen Sonne und der nicht endenden Feste, der kastagnettenklappernden Frauen und der lustigen Musikanten. Diese Klischees halten sich noch in den Prospekten der Touristikkonzerne und die Hotels an der Costa del Sol veranstalten so genannte Flamenco-Shows, in denen sie wiederbelebt werden. Glücklicherweise haben diese Klischees nichts mit Andalusien gemein. Und stimmen dennoch.

Eine gewisse Neigung zum spontanen Feiern haben mindestens die *sevillanos*. Ciriaco, der Wirt einer Pension in Sevilla, hat mich einmal mitten in der Nacht quer durch die Stadt nach Triana gefahren, um mir echten Flamenco zu zeigen. Wir hatten uns auf den Treppen seiner Herberge über Flamenco unterhalten und was auch immer ihn bewogen hat, er wollte mir unbedingt eine Kneipe in dem alten Zigeunerviertel von Sevilla zeigen. Da er dort noch etliche Freunde getroffen hat, dämmerte es schon, als wir nach Hause kamen.

Die Menschen in Andalusien haben mich immer am meisten fasziniert. Ihre Art, sich das Leben in einer der ehemals ärmsten Regionen Europas so angenehm wie möglich zu gestalten. Ihre Größe, trotz jahrhundertelanger Ausbeutung und Unterdrückung und trotz des wirtschaftlichen Booms der vergangenen zwanzig Jahre dennoch im täglichen Miteinander menschlich zu bleiben. So wie der Busfahrer, der die Abfahrt von Granada in die Dörfer der Vega ein paar Minuten hinauszögert, damit ich meinen *café* austrinken kann. Das Leben ist nicht leichter in Andalusien als anderswo, aber die alltägliche Anarchie erleichtert das Leben. Wenn zum Beispiel meine Freundin Alicia verkehrt herum in die Einbahnstraße fährt und deutsche Bedenken mit der Feststellung »es ist ja nur ein kurzes Stück« verwirft.

Andalusien erzählt jedem Geschichten, der hinhört. Und jeder Reisende hat seine eigenen Geschichten, wenn er wieder nach Hause kommt. Einige meiner Geschichten aus Südspanien erzähle ich in diesem Buch.

Die Seufzer der Mauren

Die Wiedereroberung von Granada

Die letzten Schwaden von Frühnebel steigen aus dem Tal des Darro auf und lassen die Alhambra in einem weichen Licht erscheinen. Burg und Palast haben zu dieser frühen Morgenstunde noch die Farbe von Ocker und Erde, die vor kurzem aufgegangene Sonne hat noch nicht die Kraft, die Alhambra in dem glühenden Rot dastehen zu lassen, das der Burg ihren Namen gab. »Al-Hamra«, die Rote, nannten die arabisch sprechenden Bewohner von Granada die Palaststadt auf dem Hügel Sabika. Sie ist von weithin aus der Vega, der Ebene vor Granada, sichtbar. Als der letzte Herrscher über das Königreich Granada, der Sultan Abu Abd Allah Mohammed, am 2. Januar 1492 die Schlüssel der Stadt in die Hände der Katholischen Könige gegeben hatte, blickte er von einer Anhöhe noch einmal zurück. Der kleine König Boabdil, wie die Spanier den Nasriden-Herrscher nannten, schluchzte beim Anblick der Alhambra und seiner Stadt, von der man sagte, dass es nichts Schlimmeres auf der Welt gebe, als blind zu sein in Granada. *Suspiro del moro,* der Seufzer des Mauren, heißt der Hügel zwölf Kilometer südlich von Granada seitdem. Doch der Sultan hat nicht geseufzt, wie eine Legende erzählt, er hat geweint. Und es kam noch schlimmer. »Du hast nicht gekämpft wie ein Mann, darum heule jetzt wie ein Weib«, soll seine Mutter gesagt haben.

Ob weinend, seufzend oder lachend – die Muslime sind nach Granada zurückgekehrt. Am Fuße des Albaicín, des Hügels gegenüber der Alhambra, haben moslemische Händler Läden und Teeshops eröffnet. Sie verkaufen in den Gassen Calderería Vieja und Calderería Nueva am Anstieg zum Albaicín marokkanische Djellabas und Pantoffeln, syrische Teegläser, ägyptische Parfumflakons und Kamelsitze an Touristen. Das einst von den Mauren angelegte Viertel mutet auch nach Jahrhunderten noch orientalisch an und bietet eine passende Kulisse für die neuerliche Inbesitznahme. Aber das Bazarleben wirkt dennoch aufgesetzt, die Teeshops sind nicht authentisch. Bevor die Marokkaner kamen, lebten Handwerker, kleine Händler, Prostituierte, Künstler und Studenten in den unteren Gassen des Albaicín. Auf der Straße verkauften die *gitanas*, Zigeunerinnen, auf Pappkartons Knoblauch und Rosmarin. In den kleinen Läden hatte ein Uhrmacher seine Werkstatt, ein Händler vertrieb vergilbte Stiche, ein anderer die Lebensmittel für den täglichen Bedarf. An eisigen Wintermorgen kamen die Alten in Hausschuhen auf die Straße, stellten sich an sonnige Stellen und rieben sich die kalten Hände.

Angefangen hat die zweite Islamisierung Granadas in den achtziger Jahren des 20. Jahrhunderts. Zuerst kamen zum Islam konvertierte Spanier aus ihren Landkommunen in den Alpujarras nach Granada. Sie hatten dort verschiedene Formen des alternativen Zusammenlebens geprobt, ein wenig buddhistisch, ein wenig Hippie, und hatten schließlich den Koran entdeckt. Die Frauen der Kommunarden, die einst aus allen Teilen Spaniens in die Freiheit der Alpujarras gekommen waren, trugen fortan Kopftücher und aßen in der Küche, die Männer legten sich Pluderhosen und flache Stoffhüte zu und ließen sich von den Frauen im Kaminzimmer bedienen. In den achtziger Jahren zogen sie nach Granada in den Albaicín. Sie hießen da schon lange nicht mehr José María und Antonia, sondern Muhamad und Fatima. Im Albaicín bezogen sie vom Verfall bedrohte Häuser und belebten eine Tradition und Kunst aus maurischer Zeit neu: die Töpferei. Keramikwerkstätten und Fabriken hatte es seit dem Auszug von Boabdil immer in Granada gegeben, aber die neuen Moslems töpferten die Schüsseln, Krüge und Becher nach den alten Formen der Mauren. Sie fanden die traditionellen Muster aus den Zeiten der Nasriden in den Archiven und fertigten Geschirr mit den klassischen Ornamenten und Glasuren.

Die islamische Gemeinde in Granada vergrößerte sich schnell. Die Basarhändler setzten aus Nordafrika über, Konvertierte aus ganz Europa zogen zu. Der berühmteste unter ihnen ist vermutlich Ian Dallas, ehemals Manager der Beatles, der fortan als Scheich Abd al-Qadir in Granada die islamische Gemeinschaft aufbaute. An den Hauswänden des Albaicín warb sie für Arabischkurse, Seminare zum Verständnis des Koran und eine Einführung in die Geschichte des Islam.

Die armen Bewohner des Albaicín hatten kaum eine Chance, sich gegen die Übernahme von Geschäftemachern und Immobilienspekulanten in ihrem Viertel zu wehren. Die Bürger von Granada – denn es gibt einen feinen Unterschied zwischen Stadt und Altstadthügel – haben sich hingegen fast zwanzig Jahre lang gegen die Wiedereroberung durch die Moslems gesträubt. Vor allem wollten sie das in ihren Augen Schlimmste verhindern: Den Bau einer Moschee.

Vergeblich. Am 10. Juli 2003 wurde die Mezquita Mayor de Granada, die erste Moschee auf spanischem Boden nach der Zerschlagung des islamischen Reichs, feierlich eingeweiht. Sie steht hoch oben auf dem Albaicín, genau gegenüber der Alhambra und genau neben der Kirche de San Nicolás. Die Kirche war wie alle anderen Kirchen auf dem Albaicín bis zur Vertreibung der Mauren 1492 eine Moschee gewesen, von ihrem heutigen Glockenturm – damals das Minarett – erklang einst der Ruf des Muezzins. Fünfhundert Jahre nach der Eroberung von Granada durch die katholischen Könige schallt er dank der großzügigen Spenden aus den Arabischen Emiraten wieder über das Tal des Darro. Das Grundstück hatte Anfang der achtziger Jahre bereits eine Stiftung des libyschen Staatspräsidenten Gaddhafi bezahlt.

Die Bewohner des Albaicín gründeten Bürgerinitiativen gegen den Bau und die Stadtverwaltung von Granada blockierte mit allen erdenklichen juristischen Mitteln die Baugenehmigung. Mal hieß es, der Albaicín sei eine Wohngegend – da könne man nicht einfach eine Moschee bauen. Dann fanden die Stadtwächter Überreste von historischen Gebäuden auf dem jahrelang brachliegenden Gelände. Die Moschee von Granada wurde zu einer Staatsaffäre und verschiedene arabische Länder schickten Abgesandte nach Granada und Madrid, um eine Genehmigung zu erwirken, die sie 1994 endlich bekamen.

Die Bewohner des Albaicín haben sich beruhigt. Noch vor der offiziellen Eröffnung der Moschee im Sommer 2003 haben die muslimischen Offiziellen die Nachbarn eingeladen, das Gebäude zu besichtigen. »Es gibt nichts Gefährlicheres als die Unkenntnis«, hat Malik Abder Rahman, Vorsitzender der Comunidad Islámica de España, der Tageszeitung *El País* gesagt. Er führt Gruppen von Hausfrauen, Rentnern und Schulklassen durch die Höfe, Säle und Lesezimmer des dreistöckigen Gebäudes. Jeder ist willkommen und nicht angemeldete Besucher können die Moschee morgens und abends besuchen. Das Gebäude der Moschee, das immerhin einen ganzen Abhang einnimmt, fällt auch überhaupt nicht mehr auf zwischen den weißen Häusern des Albaicín. Die Mezquita Mayor de Granada ist weiß wie die anderen Gebäude, das eckige Minarett ist gemauert und gekalkt wie der Glockenturm von San Nicolás, die Mauern sind von grünen und weißen Kacheln eingefasst. Grün und Weiß sind die Farben des Islam – und die Farben der andalusischen Flagge.

Die Muslime haben fünfhundert Jahre gebraucht, bis sie sich wieder nach Andalusien trauten. Dabei beherrschten sie einst das ganze Land und haben dem Al-Andalus – dem Land der Vandalen – eine Hochkultur gebracht, deren Bauwerke noch immer eine besondere Ausstrahlung besitzen. Die gurgelnden Wasser in den Gärten des Generalife vermitteln noch nach Jahrhunderten den Sinn für die Ästhetik der islamischen Baumeister, die Alhambra erscheint ebenso erhaben, die Karawanserei im Corral del Carbón von Granada ebenso schlicht wie schön. Angefangen hat die Herrschaft der Mauren im Jahr 711, nachdem rund fünfzigtausend Berber die Meerenge von Gibraltar überquert hatten. An den Ufern des Guadalete vernichteten die so genannten Mauren das zerrüttete Heer des herrschenden Gotenkönigs Rodrigo. Sie nahmen innerhalb von vier Jahren die gesamte iberische Halbinsel, wenn auch nicht für sehr lange das ganze Territorium ein. Ihr Kampfschrei »Al Ina!« – Jetzt! – hat den Bewohnern des Al-Andalus lange in den Ohren geklungen und lebt noch heute als Name einer Sherry-Marke weiter.

Im Norden des heutigen Spaniens war der Widerstand gegen die anrückenden Reiterscharen groß und die Mauren zogen sich in den Süden zurück. Zwischen dem 8. und dem 11. Jahrhundert gehörten das heutige Andalusien und weite Teile Zentralspaniens bis hinauf nach Toledo und Valencia zum Kalifat von Córdoba. Da jedoch die maurische Aristokratie unter sich zerstritten war, zerfiel das Kalifat Córdoba in 23 Kleinstaaten, die *taifas*. Die Armeen der spanischen Könige aus dem Norden hatten mit den *taifas* ein leichtes Spiel – wenngleich die Rückeroberung fast achthundert Jahre dauerte. Die *taifas* waren dennoch leichter einzunehmen und selbst die aus Afrika nachrückenden Berbersekten der Almoraviden und der Almohaden konnten den Untergang des moslemischen Reiches nur aufhalten, aber nicht verhindern. Mit dem Fall von Granada war die Herrschaft der Muslime nach achthundert Jahren endgültig vorbei.

Unter den moslemischen Herrschern blühte in Sevilla und Córdoba das geistige, wirtschaftliche und künstlerische Leben. Córdoba war das kulturelle Zentrum der gesamten islamischen Welt. In den Universitäten, Schulen und Bibliotheken der Stadt forschten und schrieben die bedeutendsten Köpfe der damaligen Zeit. Angeblich lebten im Mittelalter fünfhunderttausend Menschen in der Stadt am Guadalquivir, wie eine zeitgenössische Quelle schreibt, doch die Zahl scheint übertrieben. Aber auch wenn weit weniger Menschen hinter den Stadtmauern Córdobas lebten, so erfreuten sie sich derselben Toleranz und Kompromissbereitschaft der Machthaber wie in den anderen Landesteilen von Al-Andalus.

Ohne die Eindringlinge aus dem Norden Afrikas hätte das Leben der mittelalterlichen Andalusier armselig ausgesehen. Die Mauren vervollkommneten das aus römischer Zeit stammende Bewässerungssystem und machten so das trockene Land urbar. Sie brachten die Techniken des Gartenbaus mit nach Europa, hatten die Bohne, die Artischocke, Orangen, Zitronen, Aprikosen und Rosen im Gepäck, brachten Zucker und Kaffee, Baumwolle und Seidenraupen mit. Die Mauren kamen als Eroberer, aber sie waren klug genug, die Fähigkeiten der Christen und der Juden zu nutzen und sie nicht zu unterjochen, wenngleich die moslemischen Herrscher ihnen nicht sämtliche Rechte zubilligten.

Der achthundert Jahre währende Abwehrkampf der Spanier aus den nicht moslemischen Regionen hat die Mentalität der Menschen geprägt. So bildete sich während der *reconquista*, der Wiedereroberung, eine mächtige Kriegerklasse, ein einflussreicher Hochadel und ein weit verzweigter Kleinadel. Da die verschiedenen Könige der spanischen Herrscherhäuser auf diese Krieger und Adligen angewiesen waren, verteilten sie großzügig ganze Landstriche samt Dörfern an die Adligen. Sie übernahmen nach jeder Eroberung eines neuen Gebietes im Süden die Macht. Das hinderte sie jedoch nicht daran, sich kaum je um die Güter zu kümmern, sondern im Gegenteil die Ländereien verkommen zu lassen oder sie Verwaltern zu überlassen. Bis in das 21. Jahrhundert hat sich an der Landverteilung nicht viel geändert. Der spanische Hochadel besitzt bis heute das meiste Land. In der Gegend um Jerez de la Frontera, in Sevilla und in der Provinz Cádiz beherrschen noch heute dieselben Familien das wirtschaftliche und gesellschaftliche Leben wie vor Hunderten von Jahren.

Der Adel und das bis ins 19. Jahrhundert geltende Adelsrecht haben auch die Gesellschaft in Andalusien geprägt. Da nach spanischem Adelsrecht nur der älteste Sohn die Ländereien erben konnte, mussten die anderen Sprösslinge einer Familie zum Militär gehen, eine kirchliche Karriere machen oder als Höflinge in Madrid katzbuckeln. Diese *hidalgos*, die »Söhne von irgendwas«, wie die Übersetzung des spanischen *hijo de algo* heißt, verabscheuten geistige Arbeit oder wirtschaftliches Handeln. Produktivität war in ihrer Lebenseinstellung nicht vorgesehen, für den Geist war allein die Kirche zuständig. Die Großgrundbesitzer Andalusiens pressten daher die Ländereien und die dort arbeitenden Menschen aus, um von den Erträgen möglichst in der Nähe des Hofes leben zu können. Aus Überheblichkeit und in Verkennung der wirtschaftlichen Möglichkeiten überließ der andalusische Adel jahrhundertelang die Wirtschaft den Zugezogenen aus Nordeuropa. Noch heute heißen die berühmtesten Sherry-Marken daher nach ihren ehemals englischen, deutschen oder französischen Kellereibesitzern und Großhändlern, die sich jedoch vortrefflich als Sherry-Barone in die andalusische Gesellschaft eingefügt haben.

Als Granada schließlich fiel, war es mit der geistigen Freiheit in Andalusien vorbei. Nach den Jahrhunderten der kulturellen und philosophischen Blüte in Al-Andalus verfiel der Süden Spaniens nach der Eroberung durch Ferdinand von Aragón und Isabella von Kastilien mit Beginn der Neuzeit in eine geistige Düsternis, aus der das Land erst im 19. Jahrhundert wieder auftauchte. Unter dem Druck der katholischen Kirche verfolgten die neuen Machthaber alle Nichtkatholiken mit der brennenden Fackel der Inquisition. Zum Christentum konvertierte Juden – als *marranos* (Schweine) bezeichnet – wurden ebenso gnadenlos verfolgt wie praktizierende Juden, Moslems, konvertierte Muslime und freigeistige Menschen. Wer nicht ermordet wurde, den versklavten die christlichen Herrscher. Sie zwangen die nichtchristliche Bevölkerung zu all jenen Arbeiten, die sie nicht machen wollten oder konnten. Die letzten Mauren unter König Boabdil, die sich nach dem Fall Granadas in die zerklüftete Bergregion der Alpujarras am Südhang der Sierra Nevada zurückgezogen hatten, wurden Mitte des 16. Jahrhunderts niedergemetzelt und die Überlebenden wurden vertrieben.

Mit ihnen verschwand das Wissen um die Handwerkskünste, den einst blühenden Acker- und Gartenbau und die Kunst der Bewässerung. Die neuen Herrscher ließen die ehemaligen Moscheen in Kirchen umbauen, aus den Koranschulen wurden über Nacht Klöster. Sie zerstörten, von Arroganz geblendet, die prächtigen Bauwerke der Mauren, Bücher und Schriftrollen gingen in den Flammen der Inquisition auf. In die wegen ihrer eleganten Symmetrie und Schlichtheit noch heute bewunderte Moschee von Córdoba, einst die größte der Welt, pfropften die Spanier ein Ungetüm aus Gold und Basalt, das den ganzen Unverstand der Eroberer zum Ausdruck brachte. Die Alhambra galt bald nach der Eroberung als unwürdiges Bauwerk. Ferdinand und Isabella waren noch stolz, in dem Palast wohnen zu können und hatten ihn sogar nach ihrem Einzug renoviert. Doch die folgenden Generationen an Königen konnten mit der Alhambra nichts anfangen. Über dreihundert Jahre verfiel der Palast, der als

Militärhospital und als Gefängnis für Galeerensklaven und säumige Schuldner genutzt wurde. Zigeuner und andere Arme hatten es sich in den Gärten und Nebengebäuden eingerichtet, Schäfer nutzten die Gebäude als Unterstand für ihre Tiere. Nach 1798 zog kurzfristig der Gouverneur von Granada in die Alhambra und verfeuerte einen Großteil der noch vorhandenen hölzernen Decken- und Wandvertäfelungen. Als die napoleonischen Truppen die Stadt schließlich besetzten, waren die französischen Soldaten und ihre Gefangenen in der Alhambra untergebracht. Zum Abschied sprengten die Franzosen acht Türme des einst so ausgewogenen Bauwerks. Erst die englischen Reisenden der Romantik zu Beginn des 19. Jahrhundert vermochten etwas gegen den Verfall auszurichten. Sie waren verzückt von der Alhambra und ihre Beschreibungen lockten Reisende nach Granada. Die internationale Aufmerksamkeit und ein langsam einsetzendes Umdenken in Spanien retteten die Alhambra schließlich vor ihrem kompletten Verfall. 1870 wurde sie zum nationalen Monument erklärt und stand damit endlich unter Schutz.

Granada hat im Lauf der Jahrhunderte offensichtlich ein ähnliches Schicksal wie die Alhambra durchgemacht. Als der akribische Reisebuchautor Karl Baedeker Ende des 19. Jahrhunderts Granada besucht, findet er eine »lebendige Ruine«. Der Großteil der Bevölkerung, beobachtete Baedeker, lebe vom Betteln. »Die einheimische Aristokratie«, schrieb er, »zieht es vor, ihr Geld in Madrid auszugeben.« Ein in seinem Denken kleinbürgerliches, wenngleich wohlhabendes Bürgertum und die allgegenwärtige katholische Kirche bestimmten das Leben zu Beginn des 20. Jahrhunderts. Der Dichter und Dramatiker Federico García Lorca, der sein Leben lang seine Heimatstadt Granada innig liebte und gleichzeitig unter ihrem Philistertum litt, nannte die Stadt eine »Groschenstadt, wo sich zur Zeit die erbärmlichste Bourgeoisie Spaniens tummelt«. Die Vertreibung der Mauren aus Granada stellte für ihn einen »sehr verderblichen Augenblick« dar. Denn, so sagte García Lorca in einem Interview, »eine bewundernswerte Zivilisation, Poesie, Astronomie, Architektur und Feinheit, die auf der Welt einmalig waren, gingen verloren, um einer armseligen, eingeschüchterten Stadt Platz zu machen«.

Ganz so dramatisch zeigt sich Granada achtzig Jahre nach Lorcas Einschätzung nicht mehr. Die Stadt ist laut und turbulent, die Gärten und *carmenes*, die herrschaftlichen Stadthäuser auf dem Albaicín, sind die Oasen der Ruhe geblieben. Die Alhambra sitzt erhaben über der Stadt, deren Wohnsilos in die Ebene wachsen und eine der ehemals schönsten Stadtansichten auf immer zerstört haben. Granada ist faszinierend alt und abschreckend modern, spannend in allen Winkeln der Altstadt und öde am Sonntagnachmittag. Die Stadt zieht während verschiedener Festivals eine spannende Kulturszene an und ist den Rest des Jahres provinziell, verbindet Weltkulturerbe mit Kleinbürgertum. Das konservative Bürgertum beherrscht weiterhin die Stadt, aber die *granadinos* haben ihr maurisches Erbe angenommen. Sie sind stolz auf *el legado andalusí* – das andalusische Vermächtnis.

Im Garten von Federico García Lorca

Die Huerta de San Vicente in Granada

Was er wohl in den Schubladen hatte? Die Bogen Briefpapier aus den Hotels in Málaga und Barcelona, auf denen er auf Reisen seine Gedichte verfasste? Oder schrieb er zu Hause auf weißen Blättern ohne Briefkopf? Der Schreibtisch von Federico García Lorca, mit den flachen Aufbauten links und rechts der Schreibfläche, steht schlicht und elegant in seinem Zimmer auf der Huerta de San Vicente. Davor der Armstuhl mit der Sitzfläche aus weißem Segeltuch, rechts davon die grüne Balkontür in den Garten. Über dem Bett an der anderen Wand hängt das Bild einer sehr bunten Jungfrau Maria. Sonnenstrahlen fallen durch die Balkontür auf die blauen Sterne am gefliesten Boden, um die sich rote und schwarze Streben winden. Das Zimmer eines Poeten, den seine Zeitgenossen als den bedeutendsten Spanisch schreibenden Dichter des Jahrhunderts einschätzten.

Die Theaterstücke »Bodas de Sangre« (»Bluthochzeit«) und »Yerma« hat Lorca an dem schnörkellosen Schreibtisch aus dunklem Holz verfasst. Er hat dort das wegen seiner radikalen Modernität zu seinen Lebzeiten nie aufgeführte Stück »Así que pasen cinco años« (»Sobald fünf Jahre vergehen«) ausgearbeitet. Seine letzten Gedichte der Sammlung »Diván del Tamarit« hat er hier geschrieben und Unzählige der Briefe, mit denen er einen regen Austausch mit seinen Freunden pflegte. Lorca liebte diesen Ort, die Ruhe der Bäume, das Rauschen ihrer Blätter, den Duft der Blumen, der so stark war, dass er ihm Kopfschmerzen bereitete und den Schlaf raubte, wie er einmal in einem Brief schrieb. Die Huerta de San Vicente war für ihn der Ersatz des verlorenen Paradieses seiner Kindheit in der Vega, der fruchtbaren Ebene vor Granada, deren Stimmen er in jedem seiner Theaterstücke aufleben lässt. Die Huerta de San Vicente war wie kein anderes der Häuser seines Vaters sein Zuhause. »Später werden wir alle zusammen den Sommer verbringen, außerdem muss ich viel arbeiten und es ist nämlich dort, in meiner Huerta de San Vicente, wo ich mein Theater am ruhigsten schreibe«, hat Lorca 1933 an einen Freund geschrieben.

Zwischen 1926 und seiner Ermordung 1936 hat Federico García Lorca jeden Sommer mit seinen Eltern und seiner jüngsten Schwester Isabel auf der Huerta de San Vicente am Rande Granadas verbracht. Seine ältere Schwester Concha kam oft mit ihren Kindern und ihrem Mann aus der Stadt vorbei, Freunde besuchten die García Lorcas auf der Huerta und wann immer er Zeit hatte, kam auch Francisco García Lorca, der Bruder von Federico, in das Landhaus. Die Familie García Lorca war wohlhabend, um nicht zu sagen reich, und pflegte ein offenes Haus. Die Eltern schätzten die Freunde ihrer Kinder, freuten sich über die Besuche des Komponisten Manuel de Falla und der liberalen Reformer, die ein modernes, weltoffenes

Spanien schaffen wollten. Die García Lorcas hatten ihre Kinder von aufgeschlossenen Pädagogen nach englischem Vorbild erziehen lassen, nicht wie damals üblich von Klerikern, und man pflegte den Kontakt zu den Lehrern auch nach der Schulausbildung der Kinder. Da alle Kinder sehr musikalisch waren und Klavier und Flügel im Landhaus standen, war das Haus oft von Musik erfüllt. Vor allem wenn Federico spielte und die so heiß geliebten Volkslieder sang, erinnern sich Besucher, erfüllte sich das Haus mit Magie.

Die Huerta – eine Mischung aus Obstplantage, Gemüse- und Blumengarten – lag damals noch zwischen den Ausläufern der Vega und Granada. Der Vater Federico García Lorcas, Don Federico García Rodríguez, hatte das Haus samt Ländereien gekauft, um ein Sommerhaus für seine Familie einzurichten. 1909 war die Familie aus dem Dorf Asquerosa (heute Valderrubio) nach Granada gezogen, und bis zum Kauf der Huerta hatten die García Lorcas die Sommer in Asquerosa verbracht. Don Federico war ein reicher Grundbesitzer und Großbauer aus der Vega, und die Huerta de San Vicente war genau die richtige Verbindung zwischen dem geliebten Land und der Stadt. Damals standen die letzten Häuser Granadas weit genug entfernt, damit der Eindruck von Landleben entstand, und dennoch war die Innenstadt noch zu Fuß zu erreichen. »Es war ein bewohntes Land, zivilisiert, nach den Maßen des Menschen gemacht«, schreibt Isabel García Lorca über die Huerta de San Vicente. »Sie schien gedacht, um eine domestizierte Natur genießerisch zu erleben, von einer Raffinesse, die heutzutage undenkbar ist.«

Mit etwas Phantasie lässt sich die magische Ausstrahlung des Ortes noch erahnen. Die Ruhe ist allerdings für immer dahin, denn zwanzig Meter hinter dem Haus verläuft die Hochtrasse der Stadtautobahn. Die Apfel- und Aprikosenbäume, die Gärten voll Tomaten und Artischocken, all die Gewächse, die das Land zur Huerta machten, sind einem Park gewichen. Breite Sandwege durchziehen die uninspirierte Anlage, in der hier und da noch Obstbäume aus einer anderen Zeit stehen. Rings um den Park reihen sich seit Ende der achtziger Jahre Wohnblocks, die nur von der Autobahn begrenzt werden. Die Stadt hat das Land eingenommen. Unmittelbar um das zweistöckige weiße Haus der García Lorcas haben einige der Bäume überlebt, die schon zu ihren Zeiten dort wuchsen. Die Reben des Weinstocks vor dem angrenzenden Haus der Bediensteten ranken sich zu einem Dach, wie auf dem Foto, das die Familie bei einem nachmittäglichen Gespräch zeigt. Die Palme gegenüber der Eingangstür steht noch und der Jasminbusch und der Oleander, vielleicht ist auch der Quittenbaum noch derselbe wie zu Lorcas Zeiten.

Fast fünfzig Jahre war die Huerta de San Vicente in Vergessenheit geraten. Die *granadinos* wollten sie vergessen, mussten sie vergessen, ebenso wie alle anderen Spanier, denn Federico García Lorca war eine Persona non grata während der faschistischen Diktatur. Er hatte die katholische Kirche angegriffen und das granadinische

Bürgertum als »die erbärmlichste Bourgeoisie Spaniens« bezeichnet. Er hatte mit seinem fahrenden Studententheater La Barraca in ganz Spanien auf dem Land gespielt. Nicht etwa seichte Komödien oder die Stücke dümmlicher Zeitgenossen, sondern die Klassiker des spanischen Theaters. Er hatte in einer Zeit, zu der ein Drittel der spanischen Bevölkerung weder lesen noch schreiben konnte, die Säulenheiligen des spanischen Theaters – Tirso de Molina, Lope de Vega, Miguel de Cervantes, Calderón de la Barca – gratis vor Arbeitern und Bauern gespielt. Er hatte die Menschen ernst genommen, die im alten Spanien, beherrscht von Kirche und Besitzenden, keine Stimme hatten.

Lorca hatte die Ausbeutung, den Hunger und die Armut von Millionen Spaniern angeprangert und in jedem Interview beteuert, dass er auf der Seite der Besitzlosen stand. Er hatte gesprochen wie ein Sozialist, und im Spanien der dreißiger Jahre waren Menschen wegen weniger ins Gefängnis gekommen. Aber damit nicht genug. Lorca war nicht nur politisch. Er war vor allem anderen ein Dichter, ein Künstler, »ein Genie«, wie sein Biograf Ian Gibson schreibt. Lorca hat wie kaum ein anderer spanischer Dichter über das unerfüllte Verlangen und die Leidenschaft geschrieben. Über die ausweglose Liebe und die Schmerzen der Begierde, die das Begehren eines anderen Menschen beim Liebenden auslöst. Er hat die Qualen, in die der sehnende Mensch stürzt, in Gedichten und Theaterstücken beschrieben. Er hat das Drama der spanischen Frau, die Schmach der

Unfruchtbarkeit und die weibliche Lust auf die Bühne gebracht. Lorca hat ausgesprochen, was man im alten Spanien nicht sagte. Er war links, antiklerikal, wenngleich tief gläubig, ein Bohemien, reich, hochbegabt, erfolgreich und er war schwul. In seiner Person lebte das junge Spanien der Zweiten Republik. Lorca verkörperte alles, was Spanien in den dreißiger Jahren eine Hoffnung auf Moderne und Demokratie gegeben hat. Vermutlich war Federico García Lorca deswegen einer der ersten, den die Faschisten gleich zu Beginn des Bürgerkriegs ermordet haben. Wahrscheinlich am Morgen des 18. August 1936 haben seine Mörder ihn, zusammen mit drei weiteren Gefangenen, in einem Olivenhain des Ortes Víznar, neun Kilometer außerhalb von Granada, erschossen. Seine Leiche wurde verscharrt, wie die von Hunderten anderen, deren Überreste noch heute in den Massengräbern von Víznar liegen.

Lorca war vier Wochen zuvor von Madrid nach Granada gereist, um in der Huerta de San Vicente die sich abzeichnenden politischen Unruhen abzuwarten. Seine Freunde in Madrid und Barcelona hatten ihm dringend geraten, auf gar keinen Fall nach Granada zu fahren, überallhin, nur nicht in seine Heimatstadt. Ihnen musste klar gewesen sein, dass der Hass und der Neid dort am größten waren. Lorca war nicht aufzuhalten. Er wollte die drohende schwere Zeit mit seiner Familie auf der geliebten Huerta verbringen. So wie jeden Sommer. Die Sehnsucht nach den Seinen schaltete Verstand und Intuition aus.

Die Eltern und Geschwister von Federico

García Lorca emigrierten nach dem Bürgerkrieg in die USA. Sein Vater, ein Mann der Vega, starb 1945 in New York. Seine Mutter kam mit den Schwestern in den fünfziger Jahren zurück nach Spanien, aber so lange sie lebte, hat sie keinen Fuß mehr nach Granada gesetzt. Keiner der direkten Verwandten von Federico García Lorca hat je wieder in Granada gelebt. Eine seiner Nichten leitet die Stiftung, die auch die Huerta de San Vicente vor dem Abriss rettete.

Fast fünfzig Jahre lag die Huerta am Rande Granadas, ohne dass die *granadinos* von ihr Notiz genommen hätten. Nachdem 1938 die Familie García Lorca Granada verlassen hatte, blieben einige Bedienstete dort zurück. Sie und ihre Nachkommen haben bis Mitte der achtziger Jahre in dem flachen Anbau an das zweistöckige Haus gelebt. Sie haben die Huerta gepflegt, von den Erträgen gelebt und über Generationen das Haus ihrer längst verstorbenen Arbeitgeber in Ordnung gehalten. Als sich die Stadt mit dem wirtschaftlichen Aufschwung nach dem Ende der Diktatur ausdehnte, standen die Bagger auch vor dem Garten der García Lorcas. Isabel García Lorca, die Schwester des Dichters, führte jahrelang Verhandlungen mit der Stadtverwaltung, die das Haus schließlich 1986 kaufte. Die Streitereien zwischen der Familie und den Nachfahren derjenigen, die den Tod des Dichters jahrzehntelang hinnahmen und vertuschten, dauerten an. Die Familie hat sich über Jahre mit der Stadt Granada gestritten, wie die Huerta und das Haus genutzt werden sollten. Die Auseinandersetzungen ziehen sich immer noch hin. Im September 2003 wandten sich die einzigen noch lebenden Verwandten von Federico García Lorca, seine sechs Neffen und Nichten, an die spanische Öffentlichkeit. Sie wollen verhindern, dass das Massengrab in Víznar ausgehoben wird. Die Toten mögen in Frieden ruhen. Ihre Exhumierung würde Schmerz bereiten und gerade geschlossene Wunden aufbrechen lassen. Der Hain in Víznar möge ein Ort der Erinnerung bleiben und nicht zu einem Baugrundstück für Wochenendhäuser werden.

Die Stücke Federico García Lorcas werden in Spanien längst wieder gespielt und die Bände mit seinen Gedichten gehören zu den meistverkauften Lyrikbüchern. Seine Bewunderer in ganz Spanien nennen ihn, wie auch die Menschen aus den Dörfern der Vega, einfach Federico. Und jeder weiß, wer gemeint ist.

Schritt für Schritt in die Moderne

In den Alpujarras

Die gedrehte Zigarette ist dick wie ein Schilfgrasrohr. Enrique hat sie fest in den linken Mundwinkel geklemmt und nuckelt darauf herum. Sie ist längst erloschen, aber dem von zerlaufenem Nikotin bräunlich glänzenden Stumpen entströmt noch immer ein Geruch von verbranntem Stroh. »Den Tabak habe ich selbst gemacht«, sagt Enrique aus dem rechten Mundwinkel und seine listigen Augen funkeln, wenn er mit erdigen Händen durch das blonde Gemisch aus Tabakstengeln in dem Lederbeutel fährt, den er aus der Jackentasche geholt hat. »Da oben«, sagt er und seine schwielige Hand zeigt den Berg hinauf, der sich steil und bewuchert vor ihm erhebt. Enrique schiebt den braunen Hut mit dem abgewetzten Kniff auf seinem kahlen Kopf nach hinten und blickt hoch. Der Weg ist voll Geröll und er hat noch eine halbe Stunde vor sich bis zum *cortijo*, seinem Gehöft, wo er die drei Kühe, die Ziegen und auch ein paar Hühner hält. Für sie hat Enrique auf der anderen Seite des Tales in der Nähe des Dorfes Bubión Klee geschnitten und ihn mit dem Heu und den getrockneten Maiskolben aus seiner Vorratskammer in die Basttaschen, die zu beiden Seiten an dem Maulesel hängen, gestopft. Ganz oben auf der schweren Last sitzen links und rechts Chucho und Chico. Sie haben die kräftige

Statur englischer Terrier, kurze Beine, einen Kringelschwanz und können trotz ihrer kleinen Schnauzen sehr laut bellen.

Drei-, viermal die Woche zieht Enrique schwer bepackt mit seinem Maulesel und den Hunden den Weg aus Bubión zum Rio Poqueira hinab, steigt dabei über Geröll und Felsbrocken, überquert gurgelnde Bäche und Bewässerungsrinnen aus der Zeit der maurischen Herrscher, wandert am Fuße des Tals schließlich über die Brücke und müht sich dann den steilen Westhang des Poqueira-Tals wieder hinauf. Seit fünfzig Jahren, vielleicht auch schon seit sechzig. Enrique weiß das nicht so genau, Zeit hat eine andere Dimension in den Alpujarras, den südlichen Ausläufern der Sierra Nevada. Als kleiner Junge hat er auf dem *cortijo* gelebt, unter den Kastanienbäumen, die hoch wie eine Kathedrale ihre Krone ausbreiten und dem Gehöft Schatten spenden. Enrique kennt die Walnussbäume in den wilden Hainen und weiß, wo er an die saftigen Früchte der Maulbeerbäume kommt. Er weiß, wie er das Getreide auf einer der gepflasterten Terrassen drischt, die wie Adlerhorste aus dem Berg hervorlugen. Er weiß, wann der Mond am besten steht, um zu säen, und wie das Wasser durch die verzweigten Adern der Bewässerungskanäle und Rinnen geleitet wird. Und er weiß, dass er der letzte Bauer in Bubión ist, nachdem Antonio zu gebrechlich für die Arbeit auf den Terrassen ist und Paco sich schon lange vor seinem Tod an nichts mehr erinnern konnte. Er hatte Alzheimer.

322 Menschen leben in Bubión. Und sie leben

gut, nachdem ihr Dorf als pittoresker Ferienort entdeckt wurde. Aus Madrid, Sevilla, Granada und aus dem Baskenland kommen Touristen, um das Leben in den jahrhundertelang von Spanien abgeschnittenen Alpujarras kennen zu lernen. Seit knapp fünfzig Jahren erst führt eine Straße in die Dörfer an den südlichen Berghängen der Sierra Nevada. Diktator Franco schickte auch Bautrupps, die kleine Wasserkraftwerke an den Flussläufen errichteten. Der Strom sollte die Orte an der nahen Mittelmeerküste erhellen. Aber für die *alpujarreños* fiel auch etwas ab. Ende der fünfziger Jahre waren immerhin schon die öffentlichen Gebäude verkabelt und irgendwann in den nächsten zwanzig Jahren hatten auch die meisten Dorfbewohner in ihren Häusern Strom. Wenn er nicht gerade ausfiel, was häufig vorkam. Vor allem im Winter, wenn der Sturm die Freileitungen abriss oder der Verteiler kaputtging oder die Leitungen überlastet waren. Auf Wasser- und Abwasserleitungen in einer der wasserreichsten Regionen Andalusiens mussten die *alpujarreños* noch länger warten. *Al campo* – ins Feld – ging, wer etwas zu erledigen hatte. Wem das zu weit war, der hockte sich zwischen die Ziegen, die fast jeder Dorfbewohner in den unteren Räumen seines Hauses hielt. Und frisches Wasser gab es schließlich an den vielen Brunnen, aus denen unablässig das klare Quellwasser der Berge fließt.

Heutzutage gelten die Alpujarras als authentisch, als eine Stätte der sagenhaften Kultur von Al-Andalus, dem untergegangen Reich der Mauren in Europa. Denn in die Alpujarras hatte sich

1492 Boabdil, der letzte muslimische Herrscher von Granada, nach dem Fall der Stadt an die Katholischen Könige zurückgezogen. In den abgeschiedenen Tälern und auf den Höhen der Alpujarras fanden die muslimischen Verfolgten eine letzte Zuflucht vor der Inquisition, bis sie um 1600 endgültig aus Spanien vertrieben wurden. Sie hinterließen ein ausgeklügeltes System von Kanälen und Rinnen, das noch die abgelegenste Terrasse zum Anbau von Getreide, Obst und Gemüse mit Wasser versorgte. Sie bauten Moscheen, die die katholischen Nachfolger zu Kirchen umgestalteten. Die Grundrisse der christlichen Gotteshäuser mit Gebetsnische und dem zum Glockenturm umfunktionierten Minarett lassen aber selbst im 21. Jahrhundert noch den Ursprung als Moschee erkennen. Auch die Häuser, die verwinkelten Gassen und die Innenhöfe zeugen von den maurischen Bewohnern, die einst die Alpujarras zur Vorratskammer des Hofes in Granada machten. Die Dörfer, zusammengesetzt aus verschachtelten weißen Flachdachhäusern, ähneln noch heute den Dörfern auf der anderen Seite des Mittelmeers, im marokkanischen Atlasgebirge. Bei guter Sicht, an den Abenden der klaren Wintermonate, tauchen die Spitzen des Gebirges in der Ferne auf und heben sich gegen den rötlichen Himmel ab.

Jahrhunderte vergingen und die *alpujarreños* blieben sich selbst überlassen. Selten kam ein Fischer vom nahen Mittelmeer in die Berge, um seinen Fang zu verkaufen, selten schickte die Regierung Beamte, um das Leben dort oben zu regeln, und erst unter der Diktatur von General Franco entschied Madrid, den Alpujarras Schulen, Straßen und Kraftwerke zu bescheren. Heutzutage kommen die Fremden in Bussen. Und sie kommen nicht nur aus Spanien, sondern aus Europa, wie die Länder nördlich der Pyrenäen im Süden Spaniens heißen, aus den USA, aus Australien und sogar aus Japan, um in den wilden Bergen der Alpujarras zu wandern und die Gipfel des Mulhacen (3482 Meter) und des Veleta (3398 Meter) zu besteigen. Und einige bleiben. Fasziniert von der rauen Landschaft, die unter Naturschutz steht, von den Pinien- und Kastanienwäldern, dem Kreisen der Adler, vom Licht, von der Ruhe und von der Luft. Angezogen von den Charakteren, die dieses abgelegene Land geformt hat und von dem, was die Andalusier *duende* nennen, dem Geist aus der Erde, der Kraft und Inspiration schenkt.

»Ich bin nicht imstande, in wenigen Worten dieses besondere Gefühl der Ergebung und der Freude auszudrücken, das dieses Dorf mit seiner Lebensart und auch dieses gelbe, ochsenhäutige Land mir gab«, schreibt Gerald Brenan in seinem Buch »Südlich von Granada«. Zwischen 1920 und 1934 hat der englische Schriftsteller in Yegen, einem Dorf in den Alpujarras, gelebt. Er hatte sich mit zweitausend Büchern, kaum Geld und dem festen Willen, der englischen Mittelklasse zu entkommen, am 25. September 1919 nach La Coruña eingeschifft. Er war auf der Suche nach einem billigen Haus, in dem er möglichst lange von der Abfindung der britischen Armee leben und seinem Drang nach Bildung nachkommen konnte. Brenan war damals 25 Jahre alt und wollte nur eines: lesen. »Das England, das ich kannte, war verknöchert in Standesdünkel und strengen Konventionen, vergiftet von der Erinnerung an die Public School. Sobald ich die Uniform ablegen konnte, machte ich mich auf die Suche nach einer Umgebung, in der es sich freier atmen ließ.«

Brenan hatte zwar ein Ziel, aber keinen Weg. Nach Spanien war er gegangen, weil es den Ruf hatte, billig zu sein, und er überzeugt davon war, deswegen lange von seinem bescheidenen Guthaben leben zu können. Er durchquerte die iberische Halbinsel, gelangte schließlich nach Granada und wanderte fast vier Wochen in den Ausläufern der Sierra Nevada umher, bis er im Dorf Yegen in den Alpujarras ein geeignetes – weil billiges – Haus fand. Zu Weihnachten zog er mitsamt seinen Büchern, einigen Schüsseln aus Granadiner Fajalauza-Keramik, einem Feldbett, einem Tisch samt zweier für ihn gefertigter Stühle nach Yegen, wo er dann bis 1934 insgesamt sieben Jahre lebte. Die Alpujarras waren zu der Zeit eine der ärmsten Gegenden im ohnehin armen Andalusien. Die Menschen lebten von dem Obst, Gemüse und Getreide, das sie selbst anbauten. Ein paar Hühner versorgten sie mit Eiern, Ziegen mit Milch, und wer es sich leisten konnte, hatte ein Schwein, das zur rechten Zeit geschlachtet die Vorratskammer mit Würsten und Speck füllte. In den Wäldern sammelten sie Kastanien, wilden Spargel, Rosmarin und Pilze, fingen Rebhühner, Fasane, Kaninchen und Wachteln. Die *alpujarreños* waren arm, wenngleich sie nicht zwangsläufig Hunger gelitten haben. Aber sie besaßen kaum Bargeld, da die Bewohner in den Dörfern vornehmlich Tauschwirtschaft betrieben. So erzählt Brenan, dass eine der Huren des Dorfes zwei Eier für ihre Dienstleistung verlangte.

Brenan war begeistert von dem einfachen Leben in Yegen. Endlich hatte er eine Gesellschaft gefunden, »die wesentliche Bedürfnisse der menschlichen Natur höher schätzt als technische Organisation, wie sie ein höherer Lebensstandard erfordert. Spanien ist ein Land, das den Sinn für Poesie ebenso nährt wie den Sinn für Wirklichkeit, beide nicht vereinbar mit einem bloßen Zweckdenken.« Er schrieb enthusiastische Briefe an seine Freundin Dora Carrington. Die Malerin besuchte ihn schließlich, gemeinsam mit dem Lyriker Lytton Strachey. In den Jahren darauf kamen auch Virginia Woolf und Roger Fry nach Yegen und besuchten Brenan in seinem exotisch anmutenden Exil. Die englischen Schriftsteller der Moderne waren die ersten Aussteiger des 20. Jahrhunderts, die sich in die Alpujarras zurückzogen und sich vom Leben dort inspirieren ließen. Ihnen sollten weitere Schriftsteller, Musiker und Künstler aus England und Spanien folgen.

Einer der bekanntesten Briten im Süden von Granada ist Chris Stewart, der ehemalige Schlagzeuger von Genesis. Sein Leben als Bauer unter andalusischen Bauern hat er in dem Buch »Unter den Zitronenbäumen« beschrieben. Aber auch die spanischen Avantgardisten der wilden achtziger Jahre in Madrid zogen sich wochenlang in die

Ruhe der rauen Berge zurück. Die Schriftstellerin Adelaida García Morales hat das Leben der Frauen in den Alpujarras in ihrem mehrfach ausgezeichneten Roman »Das Schweigen der Sirenen« beschrieben, nachdem sie selbst fünf Jahre in Capileira lebte. Neben den Künstlern fanden damals eine Menge Aussteiger aus Spanien und Europa das authentische und immer noch billige Leben in den Alpujarras angenehm. Einige von ihnen gründeten ein buddhistisches Kloster auf dem Atalaya im Barranco de Poqueira. Die Suche nach dem Sinn des Lebens führte andere Aussteiger der Alpujarras mittlerweile wieder nach Granada zurück. Zum Islam konvertierte Spanier kauften jahrelang Häuser auf dem Albaicín gegenüber der Alhambra, um die Errichtung der mittlerweile fertig gestellten Moschee zu ermöglichen. Wie jede Avantgarde irgendwann in den Mainstream übergeht, sind auch die Alpujarras keine abgeschiedene Gegend mehr, in die nur Individualisten und Exzentriker fahren.

»Es geht uns besser«, sagt Pepa. Als sie mit 31 Jahren und zwei kleinen Töchtern in den achtziger Jahren Witwe geworden war, musste sie selbst für ihre Familie sorgen. Da traf es sich gut, dass mehr und mehr Touristen ins Dorf kamen. Drei Zimmer hat sie vermietet und ihre Töchter, ihre Mutter und ihren unverheirateten Bruder von dem Geld ernährt. Mit 38 Jahren hat sie auf den kurvigen Straßen der Alpujarras ihren Führerschein gemacht und sich ein Auto gekauft, um ihre Töchter auf die höhere Schule in die Stadt Orgiva zu bringen. Heute gehören ihr mehrere

Häuser und Apartments und in Bubión gilt sie als reichste Frau des Dorfes. »Es hat sich viel verändert, aber uns geht es besser«, sagt Pepa in dem harten Tonfall der Alpujarras und blickt ein wenig traurig in die Glut des Kamins, der die einzige Heizquelle im Wohnzimmer des Hauses ist. Der Wohlstand durch den Tourismus hat das Dorf verändert, ebenso wie Capileira und Pampaneira, die anderen Dörfer im Tal des Poqueira. Neben den jahrhundertealten Häusern stehen Apartmenthausanlagen im Stil der Region. Restaurants, Kneipen und Supermärkte versorgen die Touristen und die Einheimischen, dreimal am Tag verbindet ein klimatisierter Bus die Dörfer mit Granada. »Sie haben viel kaputtgemacht, aber es ist besser als früher«, pflichtet Angeles bei, die ebenfalls Ferienwohnungen vermietet. Die meisten ihrer Klienten bekommt sie über das Internet. Ihr ältester Sohn soll ihr möglichst bald eine eigene Homepage bauen, dann braucht sie keine Prozente mehr an die Organisation zu zahlen, die ihr bislang die Mieter schickt.

Da die Generation von Pepa und Angeles endlich Geld verdient und sich nicht wie in früheren Zeiten von den Früchten der Landwirtschaft ernähren muss, können ihre Kinder studieren oder moderne Berufe in den Städten erlernen. Sie haben damit eine Chance, in ihre Dörfer zurückzukehren und dort in ihrem Beruf zu arbeiten. Der Zahnarzt praktiziert dann im Haus der Eltern, die Lehrerin unterrichtet in der Dorfschule, die Pharmazeutin übernimmt die Apotheke und der Literaturwissenschaftler den Laden mit den

Flickenteppichen und der Keramik. Nur ein Beruf geht in den Alpujarras verloren: der des Bauers. Denn die Jungen arbeiten nicht auf den Feldern, selbst wenn sie nicht in der Stadt studiert haben. Sie finden Arbeit auf dem Bau oder in einer Bar, im Supermarkt oder in einer der Schinkenfabriken. Geschäftstüchtige *alpujarreños* haben in den vergangenen Jahren den Hunger der Spanier nach luftgetrocknetem Schinken genutzt und kleine Schinkenimperien in den Dörfern aufgebaut. In der kalten Bergluft trocknen die Schweinebeine langsam und bleiben dank der hohen Luftfeuchtigkeit saftig. Der Schinken von Trevélez ist in ganz Spanien berühmt und bringt gute Preise, wenn er auch nicht ganz so teuer ist wie der Schinken vom schwarzen iberischen Schwein aus dem westlichen Andalusien.

Dem Land bekommt die späte Modernisierung der Alpujarras nicht gut. Die jahrhundertelang gepflegten Terrassen verfallen, die Bewässerungsrinnen veröden und das Land vertrocknet. Wo früher auf den Feldern Bohnen und Paprika wuchsen, Getreide gedieh, liegen heute Bauschutt und Zementhaufen. Die Berghänge waren einst grün, heute wuchert dort Gestrüpp, das auf den Terrassen verdorrt und sie braun erscheinen lässt. Dennoch prägen sie die typische Landschaftsform der Alpujarras und sichern eigentlich den jungen Wohlstand. Der kam so schnell, dass über ihn bislang kein Bürgermeister der Region ernsthaft nachgedacht hat. Die Zeit hat eine andere Dimension in den Alpujarras. »Anda«, treibt Enrique seinen Maulesel an und schlägt ihm auf die Flanke.

Er selbst greift den Schweif des Tieres und lässt sich daran den Berg hinaufziehen. *Poco a poco*, langsam, Schritt für Schritt.

Die Wiedergeburt von Bubión

Buddhisten in den Alpujarras

Er sah nie aus wie die anderen Kinder des Dorfes. Schon als kleiner Junge trug er eine dunkelrote Kutte über den orangefarbigen Pluderhosen und den pantoffelartigen Schuhen, wenn er mit den anderen Kindern des Viertels auf dem Platz Fangen spielte. Seine Haare waren kurz geschoren, als ob er an einer seltsamen Krankheit litt oder Läuse ihn jüngst befallen hätten. »Man darf mir nicht an den Kopf fassen!«, herrschte er als Dreijähriger eine Fremde an, die ihm in einer zärtlichen Geste über den fast kahlen Schädel strich. Sein Blick aus dem ernsten Kindergesicht ließ dabei keinen Widerspruch zu. Es war ein Blick, der aus fernen Tiefen zu kommen schien, wie von einem Menschen, der auf dieser Welt schon lange Zeit sehr viel erlebt hat. Seine Augen drückten einen klaren Willen aus. Sie blickten nicht trotzig oder frech, wie andere Kinder in dem Alter vielleicht gucken. Hinter diesen Augen lag ein Charakter. Aus diesem Blick sprach eine Seele, die älter als drei Jahre zu sein schien.

Lama Tenzin Osel Rinpoche ärgerte sich nicht nur über die Erwachsenen im Dorf. Auch die Nachbarskinder und seine vier Geschwister setzten ihm zu. Als er später, mit acht Jahren, mal zu Besuch aus Indien in seinem andalusischen Heimatdorf Bubión war, ärgerte er sich, dass er bei den Reiterspielen unter den Kindern auch ein Pferd spielen sollte. Er war doch ein Reiter, einer, dem die Menschen in Ehrfurcht begegneten. So war er es aus den Klöstern in Nepal und Indien gewohnt. Dort näherten sie sich ihm auf Knien. Das hat in Bubión niemand gemacht. In dem Bergdorf in den Alpujarras war Lama Osel eines von vielen Kindern.

So wie er als eines unter mehreren Kindern von María Torres und Paco Hita am 12. Februar 1985 in Bubión geboren wurde. Seine Geburt sei fast schmerzfrei und völlig unkompliziert verlaufen, erzählte Maria später. Dabei sei es eigentlich schon merkwürdig gewesen, dass sie überhaupt schwanger geworden sei, denn zum Zeitpunkt der Empfängnis habe sie menstruiert und Paco habe außerdem verhütet. Eigenartig erschien den beiden auch der fröhliche, ja erleuchtete Gesichtsausdruck des Säuglings. María und Paco, seit vielen Jahren gläubige Buddhisten, nannten ihren Jüngsten daraufhin Osel, der tibetische Ausdruck für klares Licht. Osel Ling, der Ort des klaren Lichts, heißt auch das buddhistische Zentrum, das María und Paco 1978 auf dem Berg Atalaya gegenüber von Bubión gegründet hatten. Der Dalai Lama, das religiöse Oberhaupt der tibetischen Buddhisten, weihte das Zentrum in den Alpujarras bei einem Besuch 1982 auf diesen Namen.

Die ersten vierzehn Monate seines Lebens war Osel Hita Torres ein pausbäckiges und niedliches, wenngleich ungewöhnliches Kleinkind. Schaute man in den Kinderwagen, den María oder Paco die steilen Gassen Bubións hochschoben, blickten tiefgründige Augen unter der Decke hervor. Er schreie nie, sagte Paco mit einer seltsam sanften Stimme, die nicht recht zu einem Handwerker passen wollte. Er hielt seine Familie mit Maurerarbeiten über Wasser und war froh über die Aufträge, die ihm François Camus zuschanzte. Der Franzose war zusammen mit María und Paco von Ibiza in die Alpujarras gegangen, als die Insel in den achtziger Jahren zur Freiluftdisko wurde. François Camus war auch Buddhist, was ihn jedoch nicht dran hinderte, sein Erbe aus den Weingütern seines Vaters in Frankreich durch Landkäufe in den Alpujarras und den Bau von Apartmenthäusern in Bubión zu mehren. Zumindest hat er es versucht, denn die Ruinen einer seiner nie vollendeten Anlagen verunstalten noch lange nach seinem Weggang die Landschaft an der Straße zwischen Bubión und Capileira.

Osel jedenfalls hatte schon als Säugling eine ungewöhnliche Ausstrahlung. Sie blieb auch dem tibetischen Lama Zopa nicht verborgen, der schon seit zwei Jahren die Reinkarnation seines Meisters Lama Yeshe suchte. Der war 1984 in Kalifornien gestorben, nachdem er sein Leben der Vermittlung des Buddhismus im Westen gewidmet hatte. So kam es, dass er in den siebziger Jahren auch der Lehrer von María, Paco und François gewesen war und ihnen schließlich bei der Einrichtung des Meditationszentrums auf dem Atalaya in den Alpujarras half. Lama Zopa erkannte in Osel seinen verstorbenen Meister. Und nachdem María mit Osel nach Indien gereist war und der vierzehn Monate alte Junge den Rosenkranz, die Glocken und die Sonnenbrille des verstorbenen Meisters wiedererkannt hatte, waren sich die buddhistischen Meister sicher. Osel Hita Torres war die Wiedergeburt von Lama Yeshe.

Die Dorfbewohner waren erstaunt. Ein religiöses Wunder hatten sie Paco und María nicht zugetraut. Sie waren in gewissem Sinne auch stolz, denn aus ihrer Mitte heraus war ein Mensch zu einem weltbewegenden Ereignis geworden. Es schmeichelte ihrem Lokalpatriotismus, dass der Kleine, den sie eben noch die ersten tapsigen Schritte machen gesehen hatten, nun ein religiöser Führer war. Lama Tenzin Osel Rinpoche ist der erste und bislang einzige spanische Lama. Die Bewohner von Bubión betrachteten die Fernsehteams aus Madrid, Frankreich, den USA und Japan mit Neugierde, aber ohne weitergehendes Interesse. Schließlich war Paco nicht die heilige Jungfrau im Feld erschienen, noch waren ähnliche aus der katholischen Lithurgie bekannte Ereignisse aufgetreten. Die anfängliche Überraschung wich bald der Missgunst und dem Neid. Hatten Paco und María nicht jede Pesete umdrehen müssen, bevor die Buddhisten ihren Sprössling mit nach Indien genommen hatten? Wie war es möglich, dass die Hita-Torres-Sippe sich jetzt das große neue Haus leisten konnte? Und das Auto? Und die Reisen nach Indien? Überhaupt fanden die Frauen im Supermarkt, dass eine Mutter nicht einfach ihr Kind hergibt.

Das fand María Torres auch. Sie hat sich jahrelang mit den Mönchen in den indischen Klöstern über die Besuchszeiten gestritten. Drei Jahre lang durfte sie ihren Sohn gar nicht sehen, dann nur wenige Tage, vielleicht mal ein paar Wochen im Jahr. Schließlich, Osel war mittlerweile acht Jahre alt, schickte er ihr eine Kassette. »Mama, komm und hol mich hier raus.« Das tat María ohne zu zögern. Sie reiste nach Indien, steckte Osel in Jeans und T-Shirts, damit er im Flugzeug nicht auffiel und brachte ihn wieder nach Bubión. Dort entdeckte er mit Begeisterung die Spielautomaten in der Bar gegenüber des Hauses. Freudig kaufte er sich dort Eis am Stiel. Er sah, dass es auch Mädchen gibt und dass Männer und Frauen sich manchmal küssen. Er lernte, dass nicht alle Menschen seine Assistenten sind und es die anderen Kinder nicht im Geringsten interessierte, dass er ein Lama, ein spirituelles Oberhaupt, ist. Zu Hause sah er sich gerne Videos an und fand großen Gefallen an sauren Gurken. Die Bewohner von Bubión gewöhnten sich an den illustren Gast. Die orange-rote Kutte und der rote Rock irritierten die Einheimischen bald nicht mehr. Die Menschen aus anderen Dörfern schauten vielleicht noch verwundert, wenn sie auf Besuch waren, aber alle wussten, wer dieser kleine Junge mit den kurzen Haaren war. Osel war einer der ihren.

Lama Osel ist mittlerweile ins Kloster zurückgekehrt. Einige Monate nach diesem Ausbruch in die Welt des spanischen Südwestens lebt er wieder im Kloster Sera im Süden Indiens. Sein Vater und sein jüngerer Bruder Kunkien haben ihn damals begleitet und leben seitdem mit ihm zusammen in einem Haus des Klosters. Im Sommer 2002, als ein Krieg mit atomaren Waffen zwischen

Indien und Pakistan möglich schien, kamen die drei für einige Monate nach Spanien. Die spanische Regierung hatte sie aufgefordert, Indien zu verlassen und nach Hause zu kommen. In die Alpujarras kam Osel damals allerdings nicht, denn seine Mutter lebte mittlerweile mit François, den zwei gemeinsamen Kindern und den vier aus der vorangegangene Beziehung mit Paco wieder auf Ibiza.

In den Alpujarras verlieren sich heutzutage die Spuren der Buddhisten. Sie kommen nicht mehr zu den Dorffesten, um an den Prozessionen teilzunehmen, und sind selten im Tal zu sehen. Ein tibetischer Mönch, eine spanische Nonne und sechs, manchmal acht Schüler halten das Zentrum O.Sel.Ling aufrecht. Hoch oben auf dem Atalaya, auf dem nur der Wind, die Zikaden und die Rufe der Adler zu hören sind, kann das Auge die Häuser zwischen den Klippen und Felsen nur aus der Nähe erkennen. O.Sel.Ling – der Ort des Lichts – ist ein Ort der Meditation und der Magie. Hier oben hat ein Geist überlebt, der einst die Aussteiger, Sinnsuchenden, Schriftsteller und Künstler in die Alpujarras zog. Vielleicht ergreift den Menschen hier der *duende*, der Geist, dem die Andalusier die Fähigkeit zuschreiben, die tiefinneren Gefühle aus einem Menschen hervorzulocken und ihn in seiner Kunst wahrhaftig werden lassen.

Auf dem Kaminsims im Haupthaus stehen Fotos von Lama Zopa, Lama Yeshe und von seiner Heiligkeit dem Dalai Lama. Würden sie von ihrem Platz aus dem Fenster schauen, böte sich ihnen ein Anblick, der an die Berge Tibets erinnert. Weite Täler, karge Berge und der unendliche Himmel. Neben ihnen steht noch ein Foto: Es zeigt den jungen Lama Osel aus Bubión, wie er sich einen rotgelben Filzhut vom Kopf zieht und lacht.

Morgen ist auch noch ein Tag

Die Zeit im Mañana-Land

Zeit ist relativ. Auch in Spaniens Süden. »Was du heut' nicht kannst besorgen, das verschiebe ruhig auf morgen«, könnte von einem Andalusier stammen, wobei die Zeitangabe »morgen« nicht zwangsläufig den nächsten Tag bedeutet. *Mañana* – morgen – kann in zwei oder drei Tagen sein, nächste Woche oder gar nie stattfinden. Fehlt dem Klempner zum Beispiel ein Verbindungsstück, das er besorgen muss, weshalb er unter der tropfenden Wasserleitung kauernd mit bedauerndem Blick »mañana« sagt, kann man davon ausgehen, dass er morgen mit der Muffe zurückkommt. Schließlich will er als ehrbarer Handwerker seine Arbeit vollenden. Trifft man ihn jedoch auf der Straße und bittet um einen Besuch wegen des besagten Problems, kann ein mit treuherzigem Blick hervorgebrachtes *mañana* auch erst in zwei Tagen eintreten. Wenn das Wasser eben nur tropft und nicht aus der Leitung rinnt. Denn Notfälle erkennen auch andalusische Klempner sofort. Und nicht erst morgen.

Wichtig ist die Betonung, die Aussprache, die Gestik und die Mimik des *Mañana*-Sagenden. Wenn der Angesprochene mit der Sache eigentlich nichts zu tun haben möchte, wird er auch morgen das Problem nicht angehen – selbst wenn ihm das *mañana* mühelos über die Lippen geht.

Egal ob Klempner, Telefongesellschaftssachbearbeiterin oder Unternehmer wird der Sprecher das *mañana* dann mit einer dynamischen Handbewegung gen Himmel begleiten und das Versprechen ins Jenseits befördern. Er könnte auch sagen »rutsch mir den Buckel runter«, aber der Andalusier möchte sein Gesicht wahren. Er sagt *mañana* und verspricht ein Ersatzteil. Oder den Telefonanschluss, auf den man seit neun Monaten wartet. Oder Apfelsaft, den der Großhändler schon letzte Woche liefern wollte. Für Politiker gilt selbstverständlich auch in Andalusien eine andere Mimik und Gestik. Sie werden jedes *mañana* mit ernster Mine und sachte wiegendem Haupt hervorbringen und vielleicht selbst daran glauben, dass morgen wieder der Müll abgeholt wird und die Straßenlampen wieder leuchten – *mañana*.

Das Morgen ist eben ungewiss. Nicht nur in Südspanien. Aber die Andalusier nehmen sich die Freiheit, der Fügung freien Lauf zu lassen. Nicht nur morgen, auch später. Will der Klempner *por la tarde* – am Nachmittag – kommen, kann das auch um halb zehn am Abend sein. »Es tarde por la tarde« – es ist eben spät am Nachmittag. Womit er eigentlich Recht hat. Draußen ist gerade erst die Sonne untergegangen. Sollte man selbst verabredet sein, ist es geradezu unhöflich, auf die Minute pünktlich zu kommen. Wer um vierzehn Uhr zum Mittagessen eingeladen ist, sollte seinem Gastgeber eine Viertelstunde Zeit geben, um sich selbst in Ruhe vorzubereiten und den Tisch zu decken. Pünktliches Erscheinen kann peinlich für den

Gast werden, denn der Gastgeber ist eventuell noch im Morgenmantel.

Nur einen ungefähren Anhaltspunkt über das Eintreffen eines Ereignisses bietet auch die Angabe *despues del bocadillo*. Wörtlich übersetzt heißt das: Nach dem Brötchen. Das nehmen Südspanier so zwischen zehn und halb zwölf am Vormittag ein, denn sie haben schließlich nicht gefrühstückt. Also haben sie am für Nordeuropäer gefühlsmäßig späten Vormittag Hunger auf Frühstück. Je nach Profession und Ort des Geschehens variiert der Zeitpunkt des Brötchenessens, wird aber bis spätestens zwölf Uhr abgeschlossen sein. Mit ziemlicher Sicherheit kann man also davon ausgehen, dass *despues del bocadillo* gegen den nordeuropäischen Mittag eintritt. Es sei denn, es kommt etwas dazwischen. Aber dann bleibt dem Wartenden immer noch *mañana*.

Gemahlen und geschleudert

Der Weg der Olive in die Flasche

Die dicke *Cornezuelo* ist schmackhaft. Sie ist ein bisschen bitterer als die auch nicht gerade dünne *Manzanilla*. Dabei sind beide geradezu schlank neben der *Verdial de Alcaudete*, die rund und bollig am Ast hängt, bis sie violett ist. Sie wird nie schwarz und gelangt – manchmal erst nach dem ersten Frost –, in lila bräunlichen Tönen, eingelegt und mit Kern auf den Tisch. Von der Ferne sehen die Bäume, auf denen sie wachsen, alle gleich aus. Mit schmalen grüngrauen Blättern, die die Bäume aus der Nähe silbrig schimmern lassen. Endlos ziehen sich die Baumreihen über die Hügel und Berge von Jaén und Córdoba, von links nach rechts, von oben nach unten, von quer nach schräg, soweit das Auge reicht, sieht es nur die geraden Reihen der Olivenbäume. Als hätte jemand mit einem großen Kamm die Hügel gekämmt und die spärlichen Haare auf runden Glatzen ordentlich zurecht gelegt.

Die Landschaft könnte monoton wirken, denn in den Provinzen Córdoba und Jaén wachsen die meisten der 220 Millionen Olivenbäume Spaniens. Sie stehen dicht an dicht in diesen beiden nordandalusischen Provinzen und selbst auf den steilen Berghängen haben die Plantagenbesitzer noch ein paar Reihen Olivenbäume angepflanzt. Mit Málaga, Granada und Sevilla produzieren

Jaén und Córdoba drei Viertel aller spanischen Oliven. Die Oliven sind eines der wichtigsten Produkte der andalusischen Landwirtschaft, rund 34 Prozent des kultivierbaren Landes wird für den Anbau von Olivenbäumen genutzt. Da nur gut ein Drittel des südspanischen Bodens überhaupt für die Landwirtschaft geeignet ist, beherrschen die Olivenbäume das Bild der Landschaft in weiten Teilen des Landes. Die Olivenbäume sind perfekt an das Klima und den Boden in Andalusien angepasst. Und trotz der enormen Fläche für den Olivenanbau verbrauchen die genügsamen Bäume nur rund zwanzig Prozent des Wassers in der Landwirtschaft.

Seit fast dreitausend Jahren bauen die Menschen in Córdoba Oliven an. Die Phönizier nannten die von ihnen gegründete Stadt *corteba* – der phönizische Ausdruck für Olivenmühle. Aus der Region Córdoba jedenfalls kommt das beste aller Olivenöle, sagen die Andalusier, genau genommen aus der Gegend um Baena. Das Öl von dort ist in der Tat sehr fruchtig und sehr fein, und trotz seiner grünlichen Farbe leuchtet es in der Flasche. Das Leuchten ist ein Zeichen für die Qualität eines Olivenöls, und das gelbe Öl strahlt golden. Unvoreingenommene finden das Öl aus der Provinz Jaén ebenso gut. Aber woher wirklich das beste aller Öle kommt, ist ohnehin reine Geschmacksache. Der Regisseur Luis Buñuel schreibt in seiner Autobiografie, dass »aus Nieder-Aragón das beste Olivenöl Spaniens, vielleicht der ganzen Welt« kommt. Allerdings stammt Buñuel selbst aus Aragón in Nordspanien und sein Heimatdorf Calanda ist umgeben von Olivenhainen. Spanier können lautstark und ausgiebig darüber diskutieren, woher nun das schmackhafteste Olivenöl kommt. Kein Wunder, denn das Öl ist der wichtigste Bestandteil des Essens. Angefangen beim Frühstück, zu dem Andalusier mit Vorliebe geröstetes Brot mit Olivenöl essen – und wer darüber die Nase rümpft, hat es noch nicht probiert. Aber auch die berühmteste andalusische Suppe, die *gazpacho*, wäre ohne Olivenöl nur kaltes Gemüse.

Das beste Öl mag wo auch immer herkommen, fest steht auf jeden Fall, dass die Olivenmühlen von Jaén das meiste Öl Spaniens produzieren. In keiner anderen Provinz des Landes stehen so viele Olivenbäume und in keiner anderen Region hängt das wirtschaftliche Überleben und Wohlergehen der Menschen derart von der Olive ab.

In die Flasche kommt in Jaén hauptsächlich die *Picual*-Olive. Ab Ende November, manchmal auch erst Anfang Dezember pflücken und sammeln die Erntehelfer die Oliven. »Es muy duro«, sagt Alicia Arroyo Gilbert, deren Familie seit Generationen im Olivenölgeschäft ist und die Olivenmühle La Laguna in der Nähe von Baeza betreibt. »Es ist eine sehr harte Arbeit«, sagt sie, denn zu dieser Jahreszeit regnet es oft und viel, und die Temperaturen liegen morgens kaum über null Grad.

Aber ob es regnet oder schneit – die Oliven müssen vom Baum, bevor sie herunterfallen. Liegen die Früchte erst einmal am Boden, beginnen sie schnell zu oxidieren und geben nur mehr minderwertiges Öl. Je früher die gepflückten Oliven verarbeitet werden, desto feiner ist das Öl. Die dann noch unreifen Oliven geben zwar längst nicht so viel Öl wie die später in der Saison gepflückten, aber aus ihnen pressen die Mühlen das beste Öl der Kategorie *aceite de oliva virgen extra.* Es ist grünlich, schmeckt fruchtig, ein wenig bitter, ein bisschen nach frischen Kräutern, und es prickelt leicht auf der Zunge. Nur ganz leicht, versteht sich, denn nur der Hauch von Grün und leichter Bitterkeit machen das Öl zum teuersten der Ernte. Dieses Öl mit dem sehr geringen Säuregehalt ist zu kostbar, um damit zu kochen. Die Andalusier träufeln es auf frische Tomaten, in die fertige *gazpacho,* über ein paar Scheiben Käse oder am liebsten eben zum Frühstück auf das geröstete Brot. Zudem ist das grüne Öl gesund. Sein bitterer Geschmack regt die Speichelproduktion an, sodass die Speisen besser verdaut werden.

Bevor das Öl in der Flasche ist, müssen die Oliven eine kernbrechende Prozedur über sich ergehen lassen. Auf dem Hof der Fábrica de Aceite de La Laguna kippen Laster die Oliven auf Fließbänder, dann geht es hoch auf einen Rüttler, Steine und Blätter fallen heraus und am Ende purzeln die Oliven in einen Waschbottich, der sie durchs Wasser wirbelt. Die sauberen Oliven rutschen dann in eine Mühle, die sie als Paste wieder verlassen. Drei zentnerschwere Steinzylinder haben die Früchte dort zu einem Brei zermalmt, der in ein kanonenähnliches Gerät gefüllt und zentrifugiert wird. Die Oliven sind nun ein homogener Brei und können in einer zweiten Zentrifuge endlich hergeben, was sie sollen: reines Öl. Aus fünf Kilogramm Oliven entsteht so ein Liter Öl.

Übrig bleibt eine Masse aus Haut, Fruchtfleisch, Stein und Kern der Olive. Aus diesem Matsch kann mit ein bisschen Chemie und Hitze auch noch Öl gewonnen werden. Der Rest – bröselige, asphaltähnliche Klumpen – wird seit alters her verheizt und verfüttert. Das aus der Olive geschleuderte Wasser wird ebenfalls weiterverwendet, denn es ist reich an Mineralien und pflanzlichen Stoffen und gelangt traditionell zurück in den Olivenhain.

Alicia Arroyo Gilbert strahlt nach der Erklärung ihres Familiengeschäfts. Neun Millionen Liter haben sie in La Laguna 2002 aus den Früchten ihrer 150.000 Bäume zentrifugiert. »Poquito«, sagt Arroyo schulterzuckend, »wenig«. Das Öl lagert in meterhohen Edelstahltanks im Lagerhaus, das wie bei den Weinkellereien ebenfalls *bodega* heißt. In den dunklen und richtig temperierten Tanks bleibt das Öl frisch und behält seine gesunden Eigenschaften. In La Laguna wird nur Öl der Kategorie *aceite de oliva virgen extra* hergestellt, das ausschließlich mechanisch gewonnen wird. Keine Chemie, keine Hitze darf den Oliven mehr Öl entlocken, als sie durch Schleudern oder Pressen hergeben. Öl der Kategorie *virgen extra* ist das beste – unabhängig davon, zu welchem Zeitpunkt die Oliven gepflückt wurden. Gute Ölmühlen geben auf dem Etikett der Kanister und Flaschen nicht nur an, ob das Öl *virgen extra* oder nur *virgen* ist, sondern auch den Säuregrad. Bis zu 0,3 Prozent Säure, genannt *acidez máxima*, ist das Öl zu delikat, um es zu verkochen. Ab 0,4 Prozent kann damit gekocht werden, muss aber nicht, denn *aceite de oliva virgen extra* schmeckt auch mit höheren Säuregraden köstlich in Salatsoßen oder auf Brot. In Flaschen gefüllt wird das Öl nur nach Bedarf. Der ist in der Fábrica de Aceite de La Laguna zur Freude von Alicia Arroyo Gilbert groß und das Öl erlebt dort nie die gesetzlich festgelegte maximale Aufbewahrungszeit von zwei Jahren. »Wenn das Öl zwei Jahre in den Tanks bliebe«, sagt sie, »müssten wir die Fabrik schließen.«

Orte, an die niemand will und wohin doch jeder fährt

Torremolinos und das ewige Versprechen des Südens

Die Touristen von Torremolinos haben einen großen Bedarf an Asienimporten. Die Läden in den Seitenstraßen bieten vergoldete Muscheln aus Porzellan, Plastikvasen in Zinnoptik, Langusten (auch aus Plastik) mit Schürze und Kochlöffel, eine Eieruhr in Form einer Paprika und Kerzen in Herzform. In den hinteren Regalen warten Sonnenschirme, Strandmatten und Badeschuhe auf einen Käufer aus einer der Apartmentanlagen, die sich in der Bucht von Torremolinos drängen. Zehn oder zwölf Stockwerke ragen die Häuser hoch in den Himmel, dazwischen stehen die flachen Gebäude mit Pizzaservice, Resteladen »Todo a 1 Euro« (Alles für einen Euro), Immobilienagenturen, Hamburger-Buden, Bars, Pubs. In den Seitenstraßen von Torremolinos ziehen sich auch die Häuserzeilen entlang, die an die Reihenhäuser in holländischen Vorortsiedlungen oder englischen Bergarbeiterstädten erinnern. Zwei Stockwerke, kleine Loggia, drei Stufen bis zum Eingang. Die Fassaden sind grau und rissig geworden, aus den geöffneten Fenstern strömt der Geruch von feuchten Teppichen, die zurückgezogenen Gardinen geben den Blick auf verschlissene Möbel frei. »Se vende« – zu verkaufen – steht hier und da auf einem Pappschild in einem der Fenster.

»Ganz schön hässlich hier.« Eine Deutsche mittleren Alters schaut auf die Bucht von Torremolinos. Hinter ihr steht Beton, zwölf Stockwerke hoch, drei Kilometer breit. Vor ihr erstreckt sich das Mittelmeer, ein hellgelber Sandstrand, in der Ferne leuchten die schneebedeckten Gipfel der Sierra Nevada. Die Touristin ist das erste Mal an der Costa del Sol und vielleicht auch das letzte Mal, denn bevor sie die Treppe zum Strand hinuntersteigt, sagt sie zu ihrem Begleiter, dass sie »nächstes Mal wieder nach Amalfi« fahren werden.

Andalusier erzählen sich einen Witz über Torremolinos: Im Fegefeuer werde man vor die Alternative gestellt, entweder in die Hölle hinab zu fahren oder an die Costa del Sol verbannt zu werden. Aber Torremolinos ist ein Phänomen – denn alle fahren hin. Sie kommen zu Millionen, um in Torremolinos oder seinen nicht minder massigen Nachbarorten Benalmádena de la Costa, Fuengirola, Estepona und Marbella Urlaub zu machen. Oder den Winter zu verbringen, die Rente zu verleben oder ein Wochenende lang die drei S zu finden, mit denen Spanien seit Jahrzehnten das Land vermarktet: Sonne, Strand und Stimmung. Die weiteren S – Sex und Saufen – gibt es da fast gratis, inbegriffen im pauschalen Spaßurlaub, an dessen Auswüchsen sich erstaunlicherweise schon im prüden Franco-Spanien kaum jemand ernsthaft gestört hat.

Torremolinos ist der in Beton gegossene Traum der englischen und deutschen Arbeiterklasse vom sorgenfreien Leben unter Palmen. Das Bier ist billig, die Frauen vielleicht willig und ewig scheint die Sonne. Und es ist wahr, das Leben scheint in Torremolinos leicht zu sein. Anfang März ist es dort so warm wie in Birmingham im Hochsommer, die Meeresbrise macht beschwingter als je ein Wind in Bochum es könnte. Durch die Straßen zieht der süßliche Duft der Orangenblüten, der Jasmin verströmt sein sinnliches Aroma und die Nächte sind lau am Mittelmeer im März, wenn in der kalten Heimat noch der Schneeregen fällt.

49,5 Millionen Touristen hat das Spanische Institut für Statistik im Jahr 2001 im ganzen Land gezählt. Das sind wieder einige Hunderttausend mehr als im Jahr zuvor. Und das sind zehn Millionen Menschen mehr, als Spanien Einwohner hat. Jahr für Jahr steigen die Urlauberzahlen aus Großbritannien, Deutschland, Frankreich, Italien, Holland und seit einigen Jahren auch aus den osteuropäischen Ländern. Einmal kommen mehr Franzosen, dann mehr Niederländer, mehr Deutsche und am zahlreichsten immer die Engländer. Allein in den Küstenorten der Provinz Málaga warten 71.552 Betten auf Gäste.

Wenn die Nordeuropäer ihr Urlaubsglück nicht an der Costa del Sol finden, fahren sie nach Mallorca, Ibiza und an die Küsten Kataloniens. Dort, an der Costa Brava, sehen die Orte auch aus wie Torremolinos, heißen aber Roses und Lloret de Mar. An der Küste von Alicante, zwischen Katalonien und Andalusien, heißt die Stadt des Massentourismus Benidorm. Benidorm ist unerreicht, dagegen wirkt Torremolinos wie ein ursprüngliches Fischerdorf. Dort hat das höchste Hotel 52

Stockwerke und es kommen mehr Engländer in diesen einzigen Ort als an die ganze Costa del Sol. Benidorm sieht aus der Luft aus wie Manhattan und hat mehr Restaurants, Cafés und Bars als Norwegen. »Benidorm ist eine Erfolgsformel wie Coca-Cola«, hat der Soziologe José Miguel Iribas der *Süddeutschen Zeitung* anvertraut, »exakt auf die Bedürfnisse der Menschen zugeschnitten, einfach und für jedermann jederzeit zu genießen.«

In den Orten des Massentourismus will der Urlauber sich wie zu Hause fühlen. Nur das Leben soll sonniger, billiger und leichter sein. Um von dieser Sehnsucht zu profitieren, haben die Spanier viele ihrer schönsten Küstenabschnitte an die Tourismusindustrie verkauft. Der spanische Staat verdient gut daran: Die Einnahmen aus dem Tourismus haben 2001 mit 12,1 Prozent zum Bruttoinlandsprodukt beigetragen. Die Fremden sichern mit ihrem Urlaubsgeld gut zehn Prozent der Arbeitsplätze im Land. Allein in den Hotels, Apartmentanlagen, Pensionen, Bungalowsiedlungen und auf den Zeltplätzen arbeiten 196.000 Menschen. Und es ist kein Ende des S-Booms an Spaniens Küsten absehbar. Seit bald zwanzig Jahren ist Spanien auf der internationalen Rangliste der Einnahmen aus dem Tourismus ganz oben. An erster Stelle stehen stabil die USA, dann folgt Spanien immer verlässlich auf dem zweiten Platz. Unangefochten. Nach den Attentaten des 11. September auf das World Trade Center in New York rutschten weltweit die Einnahmen aus dem Tourismus in den Keller. Nicht so in Spanien – das Land hat auch in den darauf folgenden Jahren zugelegt. Neben Spanien konnte nur China seine Einnahmen aus dem Tourismus steigern, allerdings startet das Reich der Mitte von einem bescheidenen hinteren Listenplatz.

»Torremolinos ist der schönste Ort der Welt«, findet Manolo, der auf dem Paseo Maritimo eine Bude betreibt und Eis, Bier und Kartoffelchips verkauft. Seit 22 Jahren lebt er in Torremolinos, angezogen von den Jobs im Tourismus, als in seiner Heimat Santander im Baskenland die Hochöfen erloschen und die Werften schlossen. »Es wird auch immer schöner«, sagt Manolo und zeigt mit einem dicht tätowierten Arm Richtung Westen. Dort, wo sich eine sauber gepflasterte Strandpromenade zwischen Steilküste und Sandstrand entlangschlängelt, haben vor kurzem noch die Wellen an den Strand geschwappt. Unbelästigt von Sand und Meer können die Spaziergänger nun laufen, Fahrrad fahren, joggen und flanieren. Der Beton dehnt sich aus. »Eine saubere Sache«, freut sich Manolo.

Torremolinos hat einen unerklärlichen Reiz. In den sechziger Jahren zog der Ort gleichermaßen Gutbetuchte wie Aussteiger an, Hippies wie Privatiers. Sie strömten nach Torremolinos und suchten ihren Traum vom sorgenfreien Leben zu verwirklichen. Der Ort vermittelte ein Lebensgefühl und war wie die noble Nachbarstadt Marbella ein Amalgam aus Nationalitäten, Schichten, Klassen und Hoffnungen, das den US-Autor James Michener zu seinem Roman »Die Kinder von Torremolinos« (englisch »The Drifters«) anregte. Torremolinos brodelte und lockte arabische Ölscheichs an, die mit ihren Petrodollars die Hochhäuser bauten. Nicht immer legal, aber das interessierte die Technokraten des korrupten Franco-Regimes nicht im Mindesten. Wohl ein Drittel der Betonklötze an der Costa del Sol wurde illegal errichtet, irgendjemand hat immer die Hand aufgehalten und die Bauwut geschehen lassen. Der arme Süden brauchte schließlich Arbeitsplätze und eine Einnahmequelle. Torremolinos zog an, erst die Aussteiger, dann die Massen. Der Ort versprach Freiheit und Unbeschwertheit in einem Staat, der sich in gleichem Maße nicht um die Ausländer scherte und ihnen die Sicherheit einer Diktatur bot. »Spain is different«, fassten die Marketingstrategen das neue Leben an den Küsten zusammen und verpassten dem Land damit einen Slogan, der einen lang anhaltenden Mythos förderte.

Mit Andalusien hatte Torremolinos schon damals nichts zu tun. »Unechtes, Kopiertes beherrscht heute die spanische Szene«, schrieb der spanische Autor Juan Goytisolo 1969 über die Bauwut an den Küsten. »Das Neue wird auf das Alte gesetzt, ohne jeden Sinn für Zusammenhang und Gleichgewicht. Statt einer progressiven Evolution erleben wir einen jähen Umsturz aller sozialen Gepflogenheiten, aller Denkgewohnheiten.« Die ins Land strömenden Touristen erlebten nicht Spanien, sondern ein Klischee. Ewige Sonne, Sangria bis zum Abwinken, sevillanatanzende Frauen in bunten Rüschenröcken sorgten für das mutmaßliche landestypische Flair. Im Hochhaus waren alle Touristen gleich, Badelaken an Badelaken erfüllten sich die Träume der Sozialdemokraten von der nivellierten Gesellschaft.

Viele Andalusier können sich den Boom an ihren Küsten selbst nicht erklären, denn sie finden die Orte schauerlich. Aber es ändert nichts, die Menschen kommen trotzdem zu Hunderttausenden aus Europa. Sie kommen, liegen im feinen Sand, genießen die sanften Wellen des Mittelmeers und kaufen vielleicht eine Plastiklanguste mit Kochmütze.

Der Meister und der Stier

Der Schlosser der Bodega Osborne

Seinen Liebling konnte er nicht retten. In der Bucht von Cádiz stand er, groß und schwarz und mächtig: *el toro*, der Stier. Bei guter Sicht, wenn die blauen Schwaden aus Nebel und Dunst über der Bucht sich aufgelöst hatten, konnte Félix Tejada Prieto den Stier vom Ufer aus sehen. Fast dreißig Jahre stand der vierzehn Meter hohe Stier aus Stahl auf einer kleinen Landzunge, thronte über der Bucht, stoisch wie seine fünfhundert Brüder an den Landstraßen von Spanien, die mit einem roten Schriftzug für den Brandy Veterano der Bodega Osborne warben. »Alle haben ein Detail, das mir gefällt«, sagt der 69-jährige Félix Tejada Prieto bedächtig. »Aber der Stier aus der Bucht von Cádiz hat mir immer am besten gefallen«, erklärt er und zeigt mit einer kräftigen und wohl manikürten Hand auf die Wände unterhalb des Wellblechdachs seiner Schmiede. Dort hängt er, der stolze Stier aus der Bahía de Cádiz, in Platten zersägt. Hier der Kopf, dort ein Bein und dahinten der Schwanz.

Félix Tejada Prieto kennt sie alle. Jeden einzelnen der ehemals fünfhundert großen und kleinen Stiere in den Weiten Spaniens hat er eigenhändig aus Stahl geschnitten, sie geschweißt, gehämmert, verschraubt und aufgestellt. Zuerst mit seinem Bruder José zusammen und dann später mit seinen drei Söhnen Félix, Jesus und Pedro. »Sie sind gute Toreros«, sagt Félix Tejada und seine vollen Lippen legen beim Lachen einen blitzenden Goldzahn frei. Schon als Kinder sind seine Söhne auf den Stiergerüsten herumgeturnt. Sie sind Schlosser wie er und führen das kleine Familienunternehmen am Rande von El Puerto de Santa María an der Bucht von Cádiz seit seiner Pensionierung weiter. Sie schweißen Gartenmöbel, Zäune, Balkongitter und noch immer Stiere, aber der Bedarf ist gesunken. *El toro* darf nicht mehr für den Brandy von Osborne werben. Er gefährde die Sicherheit an spanischen Landstraßen, befand 1988 die spanische Regierung.

Nicht nur der Stier war im neuen Spanien gefährlich, auch der Reifenmann von Michelin, die Milchflaschen einer Großmolkerei, der Gitarrenspieler mit dem roten Hut einer Sherry-Marke und all die anderen Weggenossen, die Unternehmen an den Straßenrändern des Landes aufgestellt hatten. Das Verkehrsministerium verbot die überdimensionierte Werbung an Überlandstraßen und die meisten Unternehmen bauten sie nach kurzem Protest ab. Nicht so die Besitzer der Stiere, die Brandy- und Sherry-Dynastie Osborne. Sie kommt immerhin aus Cádiz und die Menschen aus Cádiz sind bekannt für ihren besonderen Humor und ihren Hang zur Anarchie. Die Herren der Stiere von Osborne begnügten sich vorerst damit, den roten Werbeschriftzug schwarz zu übermalen. Die Stiere blickten weiterhin stoisch über das Land.

Sechs Jahre lang passierte nichts. Die spanischen Ministerialen in Madrid hatten Ende der achtziger Jahre und Anfang der neunziger Jahre andere Sorgen als den andalusischen Stier. Sie hatten das Land gerade in die Europäische Union geführt, die Welt wollte zur Weltausstellung nach Sevilla und zu den Olympischen Spielen nach Barcelona reisen, der sozialistische Ministerpräsident Felipe González musste Skandale vertuschen – von der geheimen polizeilichen Terrorgruppe GAL bis zur Korruption seiner Regierung durch verschiedene Unternehmen.

Der Stier überstand die Wandlungen des Landes unbeschadet. Bis 1994 das Verkehrsministerium mit einer Verwaltungsvorschrift endgültig an den Straßenrändern aufräumen wollte. Ein Schrei des Entsetzens ging durch Spanien. Intellektuelle und Lastwagenfahrer, Künstler, Bauern und Journalisten waren sich unabhängig von ihrer politischen Meinung einig: Der Stier muss bleiben. Er war zu einem Symbol geworden, er verkörperte die Eigenschaften des jungen Spaniens, das noch vor nicht allzu langer Zeit aus der Agonie der Diktatur des *Generalísimo* Franco erwacht war. *El toro* verband den Wunsch der Spanier nach Moderne mit der Tradition, die sie bewahren wollten. Er stand stolz, stark und unabhängig auf den kargen Hügeln des Landes, bereit in die neuen Zeiten aufzubrechen und dennoch die nationale Identität nicht zu verraten.

Und er hatte seit seiner Erfindung 1957 durch den Werbegrafiker Manolo Prieto, einen Onkel von Félix Tejada, mehrere Generationen von Menschen geprägt. Unter dem Stier haben sich Verliebte getroffen und fern der Aufsicht in den Dörfern heimlich geliebt. Familien haben dort sonntags das Picknick veranstaltet, Jugendliche den ersten Joint geraucht, Fernsüchtige haben von dort in die Weite geschaut und sind den vorbeifahrenden Autos melancholisch mit den Blicken gefolgt. Der Stier spendete den Lastwagenfahrern und Handlungsreisenden Trost in den endlosen Weiten Kastiliens, wenn auf einhundert Kilometer keine Raststätte oder kein Dorf die Einsamkeit vertreiben konnte. Und er war ein sicherer Wegweiser in unwegsamen Gegenden, wenn mal wieder die Straßenschilder fehlten und Ortsunkundige nur wussten, dass ihr Ziel in der Nähe eines Stiers lag. Noch heute zeigt die Stierstatue zwischen Sevilla und Cádiz den Piloten, die den Flughafen von Jerez de la Frontera anfliegen, wann sie zur Landung ansetzen müssen. »Beim Stier geh auf vierhundert Fuß runter und lande, auch wenn der Nebel dicht ist«, besagt eine Faustregel unter den Fluglotsen und Piloten, die die Stadt im westlichen Andalusien ansteuern. »Spanien liebt den Stier«, sagt Félix Tejada und findet das ganz natürlich, schließlich ist der Stier schön, kraftstrotzend und unabhängig. Die schwarze Silhouette ist mittlerweile aus dem Land nicht mehr wegzudenken. Als Abziehbild klebt sie auf Autos, sie ziert T-Shirts und Schürzen, klebt als Magnet auf Kühlschranktüren und kaum ein Werber, der außerhalb Spaniens auf eine spanische Veranstaltung hinweisen möchte, verzichtet auf den Stier als Symbol. »Das spanische Volk hat den Stier von Osborne geraubt und zu seinem eigenen Stier gemacht«, sagt Félix Tejada nach vierzig Jahren Stierbau. »Es un robo de amor«, meint er und schaut liebevoll auf eine der zahlreichen Fotografien von *el toro* in seiner Werkstatt. »Es ist ein Raub aus Liebe.« Die Marketingmanager in der Bodega Osborne sehen das nicht ganz so gelassen. Aber selbst die Anwälte des Getränkekonzerns sind gegen den Markenklau machtlos.

Die *aficcinados*, die Anhänger des Stiers aus Stahl, sammelten Anfang der neunziger Jahre Unterschriften, Schriftsteller verfassten Essays über den Stier am Straßenrand, Künstler organisierten Ausstellungen zum Thema Stier und in den Leitartikeln der überregionalen Tageszeitungen kämpften die Autoren für den Stier, der zu einem künstlerischen Ausdruck Spaniens geworden sei. Das sah zumindest die autonome Regierung von Andalusien so und nahm 1994 die 21 Stierstatuen auf andalusischem Boden in den Katalog der Kulturgüter auf. Schließlich entschied am 31. Dezember 1997 der Oberste Gerichtshof Spaniens, dass die Silhouette des Stiers »ihren eigentlichen Zweck der Werbung überwunden und sich in die Landschaft integriert hat«.

92 Stierstatuen stehen noch im ganzen Land. Sie säumen die Nationalstraße zwischen Zaragoza und Madrid, blicken von den grünen Bergen der Basken, trocknen in der Halbwüste von Almería und trotzen dem Wind an der Atlantikküste bei Tarifa, auch wenn der Stier dort schon des öfteren seinen Kopf an den Sturm verloren hat. Selbst die Katalanen dulden das Symbol aus dem

verachteten tiefen Süden unterhalb ihres Nationalheiligtums, des Berges von Montserrat. »Der Stier hat keine Feinde«, sagt Félix Tejada. Über fünhundertmal ist er von seinem Heimatort El Puerto de Santa María an der Bucht von Cádiz aufgebrochen, den Lastwagen bepackt mit den 64 Stahlplatten, aus denen der Stier zusammengeschraubt wird. Fünftausend Kilogramm Stahl, in Platten von sechzig mal fünfzig oder fünfzig mal vierzig Zentimeter zerteilt, die Félix Tejada mit tausend Schrauben an ein Stahlgerüst schraubt, wobei innerhalb einer Woche vom Huf bis zum Horn ein 13,8 Meter hoher Stier entsteht. »Die Technik hat sich nie geändert«, erzählt Félix Tejada. Vor ihm liegt, in einem Nebenraum der Werkstatt, der neue Stier von Alicante auf Stapeln. Den alten hatten Bauarbeiter flachgelegt, weil sie eine neue Straße gebaut haben und der Stier im Weg stand. Ein Horn piekst aus einem Stapel heraus, ein Huf ist zu erkennen, der Schwanz mit dem hellblau gemalten Stück Himmel zwischen Schweif und Bein und weiter hinten in einem Stapel die *partes nobles*, auf die Félix Tejada mit blitzendem Goldzahn hinweist. Er macht gern Späße, vor allem wenn sie ein bisschen anzüglich sind. Er guckt dann ein wenig schräg aus seinen braunen Augen, lacht und spricht doch lieber schnell wieder darüber, dass die Platten aus zwei Millimeter dickem Stahl sind.

Die Platte mit dem Gemächt des Stiers musste er am häufigsten nacharbeiten. Übermütige hängen sich daran und reißen die Platte aus ihrer Verankerung, Souvenirjäger haben sie abgeschraubt und mitgenommen. Der größte Feind des Stiers ist jedoch der Wind, nicht nur in der High-Wind-Area von Tarifa. Der Sturm hat schon den beständigsten Koloss zusammenbrechen lassen. Der Stier knickt dann in der Mitte ein. Die Konstruktion klappt zusammen und der Stier sieht aus der Ferne aus wie der Länge nach durchgesägt. Der Kollaps in den Weiten Spaniens bleibt Félix Tejada jedoch nie lange verborgen. Ein Lastwagenfahrer ruft an oder der Besitzer des Grundstücks und meldet den Zusammenbruch an die Bodega Osborne in El Puerto de Santa María. Die Brüder Tejada packen dann ihr Werkzeug zusammen und reisen zum gebrochenen Riesen, um ihn zu reparieren.

Angefangen hatte die *tauromanía* an den Straßen Spaniens aus Holz. 1957 ließen die Sherry-Barone Osborne den ersten Stier an Kilometer 55 der Nationalstraße zwischen Madrid und Burgos aufstellen. Die Holztiere waren *novillos,* wie Stierfreunde die jungen Kampfstiere in den Arenen nennen: Sie waren nur sieben Meter hoch. Die Schar der Holzstiere wuchs schnell auf sechzehn an, doch Sonne, Wind, Regen und Schnee setzten den Jungstieren zu und bereiteten ihrem Erfinder Manolo Prieto und seinen Auftraggebern Osborne mehr Sorgen als Freude. Die rote Farbe des Werbespruchs »Veterano Osborne« blätterte schnell ab und hinterließ im schlimmsten Fall nur »no Osborne«. Teuer waren die Holzwerbeflächen außerdem. 32.400 Peseten kostete der erste Holzstier die Osbornes, was in den fünfziger Jahren in Spanien ein Vermögen darstellte. Zum

Vergleich: Der Besitzer eines Weizenfeldes, auf dem einer der Holzstiere stand, forderte von Osborne dreihundert Peseten Schadenersatz für das von Schaulustigen zertrampelte Getreide unterhalb des Stiers. Holz taugte den Osbornes nicht länger für eine so noble Gestalt, die schließlich ihren Brandy bewerben sollte. Der war laut einem Werbespruch nichts weniger als *una cosa de hombre* – eine Männersache.

Manolo Prieto rief seine Neffen José und Félix Tejada Prieto an, die waren immerhin Schmied und Schlosser mit eigener Werkstatt. Er brauche einen Stier, erzählte er José Tejada. »Hombre«, sagt Félix 42 Jahre später noch voll der Bewunderung für seinen tollkühnen Onkel. »Un toro, grande y enorme«, sagt Félix Tejada und beschreibt mit weit ausladenden Armbewegungen die Ausmaße des Stiers. Die drei Männer trafen sich schließlich in der alten Schmiede, zeichneten, schmiedeten Pläne, maßen aus und die Brüder Tejada bauten ein Modell aus 64 kleinen Blechplatten, die sie an einem feinen Gerüst befestigten. Es steht heute zwischen Pappkartons, zusammengerollten Festgirlanden und hölzernen Sherry-Fässern in einem Nebengelass der Werkstatthalle von Félix Tejada. Es dient noch immer als Modell für Nach- und Neubauten des Stiers. Denn in all den Jahren haben die Tejadas nichts an der Konstruktion oder Machart geändert. »Der Stier wurde in einer Schmiede geboren«, sagt Félix Tejada stolz, »nicht in einem Büro für Design«. Der Stier habe sein Leben verändert, erzählt Félix Tejada, und dafür sei er ihm dankbar. So konnte er durch das

Land reisen, ferne Orte und fremde Menschen kennen lernen. Der Stier hat ihm die Freiheit gegeben, die enge Kleinstadt dann und wann zu verlassen, in Asturien mit den Bauern zu verhandeln und in La Mancha den Sonnenaufgang zu betrachten. »Manche nennen es Schicksal, ich nenne es Glück«, sagt er. Sein ganz persönliches Lebensglück. Das erste Glück war, dass er in El Puerto de Santa María geboren wurde. Das zweite Glück war, dass er in die Hände der Firma Osborne gefallen war. Und das dritte Glück war, dass er mit seinem Bruder José zusammengearbeitet hat.

Wenn schon aus Stahl, dann groß. Nicht mehr sieben Meter sollte *el toro* messen, sondern doppelt so hoch in die Landschaft ragen. Den passenden Ort für die Werbetafeln suchte José Antonio Osborne, einer der Besitzer der Sherry- und Brandy-Kellerei, mit dem Chef der Werbeagentur, für die Manolo Prieto arbeitete. Den ersten Stier stellten die Brüder Tejada 1961 gleich auf den Hügel hinter El Puerto de Santa María an die Straße Richtung Jerez de la Frontera. Sie heißt seit ewigen Zeiten offiziell Cuesta de Matajacas, was aus gutem Grund »Aufstieg, der Pferde tötet« bedeutet. Im Lauf der vergangenen vierzig Jahre haben sich die Menschen in Puerto de Santa María jedoch angewöhnt, die Straße Cuesta del Toro zu nennen, und das liegt nicht daran, das niemand mehr mit dem Pferd nach Jerez aufbricht.

»Der Stier verbindet Andalusien mit ganz Spanien«, sagt Félix Tejada. Wie jeder Andalusier liebt er seine Heimat aus ganzem Herzen, aber er hat so viel von Spanien gesehen, dass er weiß, wie wichtig die wirtschaftliche Anbindung an den reichen Norden des Landes ist. »Ich bin stolz, dass ich den Stier gebaut habe«, sagt Félix Tejada bescheiden, als wäre es eine Selbstverständlichkeit, jenes Symbol geschaffen zu haben, das in der ganzen Welt für Spanien steht.

Die Siesta

Stunde der Gelassenheit

Die Agonie am Nachmittag. Kampflos hat sich das Dorf der Sonne ergeben, kein Laut ertönt in der Glut des Nachmittags. Die Menschen haben sich hinter die Mauern ihrer weiß gekalkten Häuser verzogen, die Fensterläden und Türen geschlossen. Kein Lichtstrahl und kein noch so kleiner Hitzeschwall aus den Gassen soll in das Innere der Häuser dringen. Die Patios, die Innenhöfe der Häuser, sind mit Leinensegeln abgehängt. Entlang der Hauswände wirft die fast senkrecht stehende Sonne schmale Schattenstreifen, in denen Hunde leblos liegen. Kein Hauch weht, keine Bewegung geht mehr, kein Vogel zwitschert, nicht einmal die Fliegen schwirren noch. Agonie in Andalusien.

Stunden, Tage, Wochen verstreichen scheinbar ungenutzt in der Hitze des Mittags im Süden Spaniens. Zwischen zwei und fünf Uhr nachmittags erstarrt das Leben. Die sonst herrschende Geschäftigkeit erstirbt, um dann auf wundersame Weise jeden Tag wieder aufzuerstehen. Wenn die Händler ihre eisernen Rollläden scheppernd in die Höhe stemmen, erwachen die Menschen aus der Ermattung, die sie mit einem Schläfchen erfolgreich bekämpft haben. Denn nur wer der Hitze, die sich ab Mittag wie ein Deckel auf eine sengende Pfanne legt, mit einer Siesta entgeht, kann in den anderen Stunden produktiv sein. Deshalb dösen Bankangestellte, Automechaniker, Industriedesigner, Bauern und Regierungsmitarbeiter in den heißesten Stunden der Sommermonate. Sie beginnen früh am Morgen zu arbeiten, gönnen sich dafür den Nachmittag als Erholung und arbeiten bis um acht oder neun Uhr abends. In einigen Großstädten haben schon Siesta-Shops eröffnet, in denen die Angestellten der umliegenden Büros stundenweise eine Liege mieten und Siesta halten können. Wer sich eine Siesta gönnt, ist nicht faul, sondern klug. Denn die Siesta ist »fundamental«, wie die Andalusier sagen: Sie ist lebensnotwendig. Die Siesta ist ein Kulturgut, der Ausdruck einer Lebenseinstellung. Siesta-Schläfer sind gelassener, sie können warten, bis die Agonie sich löst und das Leben wieder beginnt.

Das System der vier Fässer

Das Geheimnis von »Fino«, »Amontillado« und »Oloroso«

Sherry ist eine Erfindung aus der Not. Nicht etwa die Erfindung des Weines aus der Region um Jerez de la Frontera, denn Wein wird dort schon seit über zweitausend Jahren angebaut. Nein, dieser ganz bestimmte blasse, fruchtige und etwas modrig schmeckende Wein, den die Engländer Sherry nannten, weil sie meinten Jerez zu sagen, und der in Andalusien *Fino* heißt. Und die Not war groß, die zu seiner Erfindung führte.

Mitte des 19. Jahrhunderts stieg die Nachfrage in England nach den Weinen aus Jerez derart, dass die Kellereibesitzer versuchten, jüngeren und nicht sehr lange gelagerten Wein an die Briten zu verkaufen. Der Betrug flog auf. Die Engländer vermissten den gewohnten Geschmack ihres Lieblingsweins seit Shakespeares Zeiten und beschwerten sich bei den Händlern. Den Geschmack entwickelt der Wein jedoch erst nach einigen Jahren Ruhe im Fass und die Kellereibesitzer in Südspanien konnten die Reife schließlich nicht beschleunigen. Bis ein cleverer Geschäftsmann und Weinkenner eine Idee hatte und sich ein bis heute verwendetes Mischsystem – das *Criadera-solera*-System – ausgedacht hat. Sein Name ist in der Geschichte verloren gegangen, aber ein Ehrenplatz im Herzen der Kellereibesitzer muss ihm schon damals sicher gewesen sein. Er löste ihre Probleme für immer. Sie vermischten fortan junge Weine mit älteren Weinen, beseitigten so den variierenden Geschmack und glätteten die mangelnde Reife. Um den Wein haltbar zu machen, griffen sie auf die altbewährte Praxis des Aufsprittens zurück: Dem leicht verderblichen jungen Wein mit einem geringen Alkoholgehalt mischten sie reinen Alkohol bei. Die Sherry-Freunde in England und in den anderen europäischen Ländern waren begeistert und die Sherry-Barone aus Jerez konnten fortan immer den Bedarf an ihrem einzigartigen Wein stillen.

Die Panscherei hat ansehnliche Folgen. Nicht nur in den Flaschen, in denen ein Spitzenprodukt an den Genießer geht. Sondern auch in den Sherry-Städten Jerez de la Frontera, Sanlúcar de Barrameda und El Puerto de Santa María. Die Baumeister von Jerez haben dem Wein »Kathedralen des Bacchus« gebaut, wie ein englischer Schriftsteller im 19. Jahrhundert schrieb. Seit Ende des 18. Jahrhunderts haben die Architekten einen Baustil entwickelt, der die Stadtbilder der drei Sherry-Städte zu einem großen Teil bis heute prägt. Die lang gezogenen weißen *bodegas*, die Weinlager, bilden eigene Stadtviertel. Enge Straßen winden sich hindurch, auf deren Kopfsteinpflaster das Gerumpel der Fässerwagen nachhallt. Aus den Mauern entströmt ein Geruch nach Wein und Alkohol.

Der Eintritt in eine *bodega* ist wie das Betreten eines arabischen Basars. Geblendet vom grellen Sonnenlicht, sieht der Besucher zunächst nichts.

Es riecht verwirrend nach Lakritze, ein wenig nach Lebkuchen, nach gerösteten Mandeln, eine Spur modrig, und über allem liegt eine dumpfe Wolke aus Alkohol. Langsam erkennt das Auge die langen Reihen der schwarzen Holzfässer, die sich durch das schmale Gebäude ziehen. Fass an Fass, je vier übereinander gestapelt, ruht in ihnen der Wein von Jerez.

Ein kühler Lufthauch weht durch das hohe Gebäude. Zehn, fünfzehn Meter über dem Boden verhängen Matten aus Espartogras die Fensteröffnungen und halten die Sonnenstrahlen ab. Spinnen haben ungestört ihre bis zu zwei Quadratmeter großen Netze davor gewoben und fangen ungebetene Insekten ein. Vom sandigen Fußboden steigt nasse Kühle auf. Jahrzehntelang schon wird der Boden gewässert, in den heißen Sommern bis zu zweimal wöchentlich. Denn Sherry liebt es kühl, luftig, dunkel und ruhig.

Da in Südspanien Keller unüblich sind, bauten die Architekten die *bodegas* in die Höhe. Dadurch kann Luft durch die Hallen streichen und den Wein mit Sauerstoff versorgen. Mächtige Säulen, durch Rundbögen miteinander verbunden, halten die oft im arabischen Stil gehaltenen Kassettendecken. Die Fenster sind nur knapp unterhalb der Holzdecken angebracht, damit die Sonnenstrahlen nicht den Boden und die auf ihm lagernden Fässer erreichen. Die alles entscheidende Hefeschicht auf den *Finos* – *flor* genannt – lebt am liebsten im Dunkeln und bei einer Temperatur zwischen 12 und 22 Grad Celsius. Die *bodegas* liegen deswegen meist auf Anhöhen oder in Sanlúcar und Puerto in Meeresnähe, damit frische Brisen und der kühle Westwind Poniente durch die Hallen ziehen können. Die *bodegas* sind zudem von Nordwest nach Südost ausgerichtet, damit ihre dicken Seitenmauern so wenig Angriffsfläche wie möglich für die Sonne bieten.

Auch feucht muss es in den *bodegas* sein. Die Böden sind daher aus Sand, unter den die Baumeister Kalk und Eisenoxyd mischten. Er hält die natürliche Feuchtigkeit und wird zusätzlich im Sommer mit Wasser bespritzt. In modernisierten *bodegas* kontrollieren Sensoren die Luftfeuchtigkeit und setzen eine Sprinkleranlage in Bewegung, deren feine Wasserschwaden sich von der Decke her über die Fässer legen. Daher kommt der modrige Geruch, und die ursprünglich weiß gekalkten Wände der *bodegas* und die Fässer aus dem hellen Holz der amerikanischen Eiche sind deswegen immer schwarz angelaufen.

Hier nun lagern die Sherrys, die korrekt *Fino, Amontillado, Oloroso* und *Pedro Ximénez* heißen. Da jeder dieser Weine andere Bedingungen für sein Heranwachsen benötigt, lagern sie in verschiedenen Gebäuden. Aber alle reifen in übereinander gestapelten Fässern, die dem *Criadera-solera*-System seinen Namen geben. *Solera* leitet sich vom spanischen Wort *suelo* für Boden ab. Auf dem Boden liegen lange Reihen von Fässern, in denen der älteste Wein eines Typs lagert. Aus diesen Fässern – der *solera* – werden die Weine auf Flaschen gezogen. Aus der *solera* wird jedoch höchstens ein Drittel entnommen und die entstandene Lücke mit dem Wein des darüber liegenden Fasses aufgefüllt, das wiederum aus dem über ihm lagernden Fass aufgefrischt wird. Dieses oberste Fass wird mit dem frischen Jahrgangswein aus der so genannten *añada* – vom spanischen Wort *año* für »Jahr« – aufgefüllt. Die über der *solera* liegenden Fässer bilden die erste, zweite und dritte *criadera,* in der die Weine reifen und die dem System seinen Namen geben.

Auf diese Weise verschmelzen die Kellermeister die Weine verschiedener Jahre miteinander und erzeugen einen gleich bleibenden Geschmack. Denn der Wein aus der ersten *criadera* wird in der *solera* die Eigenschaften und das Aroma des Weins in der *solera* annehmen, hingegen die zweite *criadera* in der ersten aufgehen wird und so weiter. Ein Sherry hat daher niemals einen Jahrgang, sondern sein Alter und seine Reife lassen sich nur mit dem Jahrgang der *solera* zeitlich bezeichnen, wenngleich auch nur sehr ungenau. Wenn jedoch eine *solera* im Jahr 1842 angelegt wurde, haben aus ihr heutzutage entnommene Sherrys noch Spuren des Weines in sich, der Mitte des 19. Jahrhunderts erzeugt wurde.

Nur durch dieses sanfte Mischen der Weine kann außerdem die *flor*, die Hefeschicht, in den *Finos* überleben und die Weine vor dem Oxidieren schützen. Denn die Hefepilze verbrauchen im Lauf der Jahre die für sie wichtigen Nährstoffe im Wein und sterben natürlicherweise ab, wenn die Nahrung aufgebraucht ist. Da den *soleras* der *Finos* und *Manzanillas* aber in regelmäßigen Abständen neuer, nährstoffreicher Wein zugeführt wird, überlebt die *flor* auch in jahrealten *soleras*.

Sie gibt dem Sherry nicht nur sein blassgelbes bis sandfarbenes Aussehen, sondern fördert diesen unnachahmlich trockenen, erfrischend-fruchtigen und leicht an Mandeln erinnernden Geschmack des Weines erst zutage. Alexander Fleming, der Entdecker des Penicillin, war bei einem Besuch in Jerez so begeistert von der *flor* und ihren Auswirkungen, dass er meinte: »Wenn Penicillin Krankheiten kuriert, kann Sherry Tote erwecken«.

Von einem Fass zum nächsten geleitet werden die Weine heutzutage mit Schläuchen und Pumpen. In früheren Zeiten haben die Kellermeister den Wein mit mehrere Liter fassenden Metallkübeln hin- und hergetragen und umgefüllt. Kleinere *bodegas* mit einer geringen Produktion leisten sich diese Handarbeit auch heute noch. In den großen, industriell arbeitenden Weinkellereien sind die Fässer gar ständig an ein Leitungssystem angeschlossen, das auf Knopfdruck die Weine von einer *criadera* in die nächste leitet. Dank der Technik haben diese, mehrere Millionen Liter im Jahr erzeugenden *bodegas,* auch das klassische Prinzip der übereinanderliegenden Fässer aufgehoben. Die unterschiedlichen *criaderas* und ihre *solera* liegen heutzutage in verschiedenen Gebäudeteilen.

Das Leben eines Sherry gleicht dem eines Schülers, der seinem Lehrer immer wieder beweisen muss, was in ihm steckt. Denn von der *añada* über die *criadera* bis zur *solera* werden die Weine immer wieder verkostet und ihrer Entwicklung gemäß klassifiziert. Der Kellermeister prüft, beurteilt und ordnet die Weine in eine der vielen verschiedenen Klassen der Sherry-Familie ein. In den großen *bodegas* mit mehreren zehntausend Fässern prüft er rund zweihundert Fässer täglich. Den ganzen Tag ist der *capataz* (Kellermeister) damit beschäftigt, eine *venencia* – einen zierlichen Stab, an dessen Ende ein schmaler Becher hängt – in ein Fass einzutauchen, hochzuziehen, den Inhalt in großem Bogen schwungvoll in ein Sherry-Glas zu füllen, den Inhalt gegen das Licht zu halten, an ihm zu schnuppern und ihn wieder in das Fass zu schütten. Nach seinem Urteil und seiner Note wird der Wein als *Fino* – oder in Sanlúcar als *Manzanilla* –, als *Amontillado, Oloroso* oder eine seiner Zwischenformen eingestuft.

Finos und *Manzanillas* reifen mindestens drei Jahre unter der *flor* und können bis zu vierzehn *criaderas* durchlaufen haben. Wenn die *flor* aus natürlichen Gründen abstirbt oder der Wein mit Weinalkohol versetzt wird, dunkelt der ursprünglich als *Fino* oder *Manzanilla* gereifte Wein. Er nimmt dann einen etwas nussigen Geschmack an, behält aber einen frischen Duft, der die Herkunft unter der *flor* verrät. Diese Weine werden zunächst als *Finos Amontillados* bezeichnet und gehen später, bei längerer Reifung, in *Amontillados* über. Die *Manzanillas* entwickeln sich ebenso, heißen aber *Manzanilla Pasada* und später dann ebenfalls *Amontillado.*

Die Weine haben ihr Eigenleben und so kann es in seltenen Fällen vorkommen, dass sich unter günstigen Umständen die *Amontillados* noch einmal verändern. Sie nehmen im Fass das reife Bukett eines *Oloroso* an, behalten aber den reinen

Duft eines *Amontillado*. Diese Weine heißen *Palo Cortado* und sind nur selten zu finden.

Sherry bildet eine große Familie verschiedener Weine, die dennoch alle aus derselben Traube *Palomino Fino* gewonnen wurden. Ausgenommen davon sind lediglich die Süßweine *Pedro Ximénez* und *Moscatel*, die aus den gleichnamigen Trauben stammen. Der Name Sherry ist dabei eine grobe Vereinfachung für ein ganzes Universum an Geschmacksrichtungen, die nicht einfach mit »Dry«, »Medium« und »Cream« bezeichnet werden können.

Generell unterscheidet man zwischen verschiedenen Typen des Sherry:

Fino: blassgelbe bis goldene Farbe, frisches und delikat-fruchtiges Aroma mit einem Anklang von Mandeln. *Finos* sind sehr trocken bis trocken, leicht im Geschmack und sind unter *flor* gereift; Alkoholgehalt neuerdings nur 15% vol., oft 15,5 oder klassisch 16% vol.

Manzanilla: strohgelbe Farbe, die dem leichten und sehr trockenen Wein seinen Namen gegeben hat. *Manzanilla* heißt wörtlich Kamille und ein Tee aus der Pflanze hat dieselbe Farbe, aber längst nicht den Charme der *Manzanilla de Sanlúcar*. Sie reift unter *flor* und ausschließlich in den *bodegas* von Sanlúcar de Barrameda. Durch seine Reifung in der Nähe des Meeres riecht und schmeckt der Wein leicht nach Jod. Der Alkoholgehalt beträgt 15–15,5% vol.

Amontillado: bernsteingelbe Farbe, mit pikantem und zartem Aroma, in dem Haselnüsse und, wenn es gut ging, Waldfrüchte mitschwingen. Grundsätzlich trocken, leicht und sanft am Gaumen. Der Alkoholgehalt liegt zwischen 16 und 18% vol.

Oloroso: mahagonifarben, trocken und mit sehr kräftigem Aroma und Körper. *Oloroso* bedeutet auf deutsch »duftend« und in dem Duft des Weines können Walnüsse, Vanille, Muskatnuss, Lakritze und viele andere Gerüche entdeckt werden. Der Alkoholgehalt beträgt 18–20% vol.

Palo Cortado: von leuchtender Mahagonifarbe und trocken. Der seltene *Palo Cortado* vereint den frischen und delikaten Duft des *Amontillado* mit dem Charakter und Körper des *Oloroso*. Alkoholgehalt zwischen 18–20% vol.

Pedro Ximénez und *Moscatel*: Ein dunkel mahagoni- bis kaffeefarbener Wein, der ausschließlich aus den Trauben desselben Namens hergestellt wird. Kräftiges und nachhaltiges Aroma nach Rosinen mit Anklängen von Weihnachtskuchen. Voller, kräftiger, wenngleich sanfter und ausgewogener Geschmack. Alkoholgehalt meistens 17% vol.

Diese reinen Sherrys sind ein wahrer Genuss. Hinzukommen die seltenen *Fino Amontillados, Amontillado Finos, Manzanillas Pasadas* und der *Puerto Fino*, der in Puerto de Santa María reift. In Andalusien ist diese Palette an Weinen nur selten zu bekommen. Gute Restaurants und Bars haben selbstverständlich einen reichhaltig sortierten Weinkeller. Auch bieten die altertümlichen und urigen Delikatessengeschäfte in allen spanischen

Städten sowie große Supermärkte ein breites Sortiment an Sherrys an. Doch je weiter sich der Wein von seinem Ursprung entfernt, desto einseitiger wird das Angebot.

Aus den reinen Weinen, die geschmacklich schon reichhaltig genug sind, haben die Kellereien in den vergangenen 150 Jahren Mischformen für den Export entwickelt. Bis auf wenige Ausnahmen – wie zum Beispiel der *Oloroso dulce* oder der »Rich Cream« – werden sie alle im Ausland verkauft. Vor allem die auf Massenabsatz außerhalb Spaniens ausgerichteten industriell arbeitenden *bodegas* haben die drei generellen Geschmacksrichtungen »Dry«, »Medium« und »Cream« kultiviert. Diese Vereinfachung eines Universums an geschmacklichen Nuancen ist in erster Linie dem Geschmack einer breiten Masse in den Hauptabnehmerländern Nordeuropas geschuldet. In Spanien sind die drei Kategorien als Klassifizierungen und als Namen für einen Sherry unbekannt.

So ist ein *Oloroso* in Deutschland meist nur als süßer Wein bekannt. Durch Zugabe von *Pedro Ximénez* wird aus dem ehemals trockenen Wein ein Cream-Sherry. Filtert man diese Mischung durch Aktivkohle, wird aus dem dunklen Wein ein blasser »Pale Cream«. Auch ein *Amontillado* wird für den Export mit Süßwein verschnitten und ergibt so einen Medium-Sherry. Denn die meisten der unter dem Namen *Amontillado* angebotenen Weine wurden ebenfalls dem Geschmack der Massen angepasst: Sie werden aus mit Süßwein verschnittenen jungen *Finos* hergestellt. Selbst einen echten *Fino* wird man in Nordeuropa nur schwer erstehen können, denn ein Dry-Sherry ist noch lange kein *Fino*.

Sherry-Weine fühlen sich am wohlsten im Fass. Deswegen füllen die *bodegas* – ob Manufaktur oder Industriebetrieb – nur nach Bestellung ab. Bevor die Weine jedoch auf Flaschen gezogen werden können, müssen sie gefiltert werden. Die *flor* und die anderen natürlichen Schwebeteilchen im Wein haben Unklarheiten hinterlassen, die nicht in die Flasche gehören. Einige *bodegas* filtern noch wie seit Jahrhunderten mit Eiweiß, doch die meisten klären den Wein mit einer Gelatinemasse. Sie wird auf den Wein gelegt, der für den Mischprozess bereits in einen Edelstahltank gefüllt wurde. Innerhalb von einigen Tagen sinkt die Gelatine zu Boden und zieht die Schwebeteilchen mit sich.

Die Weine werden nun noch je nach Typ mit Weinalkohol versetzt, bis die gewünschte Prozentzahl erreicht ist. Die richtet sich zum großen Teil nach den Erwartungen und Bestimmungen des Abnehmerlandes. Dieses so genannte Aufspritten hat historische Wurzeln und kommt aus der Zeit, da die Weine aus Jerez noch nicht so rein und sauber waren wie heutzutage. Die Kellereien mussten ihren Weinen in früheren Zeiten Alkohol zufügen, damit sie den Transport überstanden und nicht als ungenießbare Flüssigkeit in Amerika, England oder Argentinien ankamen. Echte *Oloroso-* und *Amontillado*-Weine bedürfen keiner alkoholischen Aufrüstung. Da sie jahrelang, manchmal über Jahrzehnte in Fässern gereift sind, konnte Wasser durch die Poren des Holzes verdunsten. Der Alkoholgehalt ist so auf natürliche Weise über die Jahre angestiegen.

Aber ob vereinfacht oder nicht – die Weine aus der Region Jerez sind qualitativ hochwertige Weine. Denn ob sie gemischt oder rein, günstig oder teuer verkauft werden, haben sie doch alle das *Criadera-solera*-System durchlaufen und sind mindestens drei Jahre in einem Fass aus Eichenholz gereift. Und ein Kellermeister muss mit den verschnittenen Sherrys genauso sorgfältig umgehen wie mit den reinen. Schließlich erwarten Sherry-Trinker weltweit den Geschmack, den sie von dem Namen auf dem Etikett gewohnt sind.

Mitten im Fluss

Sevilla vereint Tradition und Moderne

Es war die zweite Entdeckung der Welt. Sie war nicht ganz so dramatisch wie die erste, die Entdeckung der Neuen Welt auf der anderen Seite des Atlantiks, die dann Amerika hieß. Auch brachte die zweite nicht annähernd so viel Gold nach Sevilla wie die Plünderung der mittelamerikanischen Kolonien im 16. und 17. Jahrhundert. Aber die Welt kam 1992 nach Sevilla zur Weltausstellung und veränderte die Stadt innerhalb von wenigen Jahren mehr als jedes andere Ereignis von Weltrang im 20. Jahrhundert. Es ist, als ob ein neuer Geist durch die Straßen der Stadt wehte, als wenn die *sevillanos* neuen Schwung durch die Aufmerksamkeit bekommen hätten. Dabei hat die Expo 92 den *sevillanos* keine Neue Welt beschert, sondern nur eine neue Insel inmitten des Guadalquivir: Die Isla de la Cartuja.

Wo heute eine Insel ist, lag vor der Expo das Land brach. Es war nicht einmal von Wasser umschlossen. Denn der Guadalquivir endete mitten in der Stadt an einer Mauer und moderte in den Sommermonaten vor sich hin. Für die Expo wurde der Flusslauf in seinem alten Bett um zehn Kilometer verlängert und das Land zwischen Fluss und dem westlich gelegenen Kanal des Guadalquivir verwandelte sich in die Isla de la Cartuja. Drei neue Brücken verbinden Sevilla mit der neu entstandenen Welt, und der Bogen der Puente de la Cartuja ist bereits zu einem ebensolchen Erkennungszeichen Sevillas geworden wie der Goldturm. Ihren Namen hat die Insel von der mittlerweile restaurierten Kartause (auf Spanisch *cartuja)* Santa María de las Cuevas, von der einst nur die Ruine an die vergangene Größe der Stadt erinnerte. Dort hatte Christoph Kolumbus fünfhundert Jahre zuvor seine Erinnerungen über den Weg in die Neue Welt geschrieben.

»Wir sind das neue Sevilla«, sagt Ricardo León, Sprecher des Unternehmens Cartuja 93. Unter dem Namen Sevilla Tecnópolis vermarktet Cartuja 93 die Gebäude, Wasserfontänen und Sonnensegel der Weltausstellung von 1992 auf der Insel. Ricardo León deutet mit einer ausladenden Armbewegung über das Architekturmodell vor ihm, das Sevilla zu beiden Seiten des Flusses zeigt. »Hier ist die Moderne, hier ist der Wandel«, sagt er und breitet nun beide Arme wie zu einem Kreuz aus. Unter ihm liegt fünftausendfach verkleinert Weltkulturerbe: die gotische Kathedrale mit dem Turm der Giralda, der maurische Palast Alcázar, das Judenviertel Santa Cruz, der Goldturm. Zwischen seinen ausgebreiteten Armen liegen die Pavillons der Expo 92, in denen sich damals die Welt in Sevilla präsentierte und in denen sich nun die andalusische Hauptstadt für die Welt im 21. Jahrhundert vorbereitet. Im chilenischen Pavillon werden neue Energiequellen erforscht, im italienischen Haus der Weg ins Internet gesucht und Werbekampagnen geplant, im Pavillon von Neuseeland wird die Umwelt geschützt und bei den Österreichern steigert der US-Konzern Compaq seinen spanischen Absatz. Rund achttausend Menschen haben auf der Cartuja nach der Weltausstellung in neuen Unternehmen, der erweiterten Universität, einem Vergnügungspark, einem Rudersportzentrum und der umgesiedelten Provinzverwaltung Arbeit gefunden. Doch wenn sie am Nachmittag die *cartuja* verlassen, zieht nur noch der Wind der Sierra Norte durch die Straßen. »Das wirkliche Potenzial von Cartuja konnten wir der Gesellschaft drüben nicht vermitteln«, sagt Ricardo León und lässt die Arme sinken.

»Wir lieben eben unsere Traditionen«, sagt Alicia Domínguez, eine von 389.523 zugezogenen *sevillanos*, die die Stadt ebenso glühend verehren wie die 316.592 Gebürtigen. »Das Leben spielt sich hier in der Altstadt ab«, sagt sie und macht diese mediterrane Handbewegung, bei der der Sprecher die Fingerspitzen aneinanderpresst und gleichzeitig die Hand dynamisch auf und ab bewegt. Die *sevillanos* essen, reden, tanzen, kaufen, lieben und sterben wie seit den Zeiten der moslemischen Almohaden in den Vierteln Triana und La Macarena, El Arenal und Santa Cruz. In den verwinkelten Gassen der Stadt, die Römer, Juden, Araber und später die Katholiken anlegten und ausbauten, lebt Sevilla. Wie jeden Mittag ab zwei Uhr auf der Plaza del Salvador, wenn sich an die dreihundert Menschen vor den unscheinbaren Bars unter den Arkaden drängeln, Bier trinken und für eine gute Stunde mit Freunden reden. Es ist nichts Besonderes an dem Platz in der Innenstadt, außer vielleicht, dass er auch im Winter von der Sonne beschienen ist und die reifen Orangen dann besonders leuchten. Die *tapas* in den Bars sind durchschnittlich, sitzen kann man nur auf den Stufen der Kirche El Salvador und die *gitanos*, die Zigeuner, haben hier viel Platz, um ihren Karren mit der Orgel aufzustellen und *paso dobles* zu spielen. Eigentlich nerven sie die *sevillanos*, aber dennoch geben sie ihnen Münzen. »Alle müssen leben«, sagt Alicia Domínguez und deutet wieder diese Handbewegung an, die zwischen Entschlossenheit und toleranter Ignoranz alle Arten von Gefühlen ausdrücken kann.

Andalusien ist ein Ort der Anarchie, die sich jedoch mittlerweile nur selten politisch entlädt. Und wenn, dann dezent. Wie die Bankangestellten, die vor ihrer Hauptgeschäftsstelle im Zentrum Sevillas schweigend gegen den Irakkrieg demonstrieren. Sehr ordentlich, im blauen Anzug und goldbeknöpften Kostüm stehen sie fünfzehn Minuten vor dem Portal der Bank, halten Transparente mit »No a la guerra« hoch und gehen dann wieder geschlossen an ihren Arbeitsplatz. Aber es sind die kleinen anarchischen Gesten, die das Leben in Andalusien so viel lebenswerter machen. So wie der Fahrer eines Überlandbusses, der für eine Mitreisende am Straßenrand hält, damit sie wilden Rosmarin pflücken kann. Der bringt schließlich Glück und wem kann man Glück verwehren, wenn es nur drei Minuten dauert, es vom Weg zu klauben? In Sevilla treffen Anarchie und Lebensfreude, Toleranz und tiefe Religiosität, Improvisation und Strategie aufeinander und verschmelzen zu einem Amalgam, dem sich weder Besucher noch Bewohner entziehen können.

Diese Kultur des freudigen Durchwurschteln wollen die wechselnden Politiker in der Stadtverwaltung von Sevilla nutzen. In den neunziger Jahren waren es insbesondere die regierenden Sozialisten, die auf die Tradition setzten. Sie wollten die alten Handwerkskünste stärken, das Können der Schnitzer, Gipser, Keramiker, Vergolder und Töpfer erhalten. Diese Berufe drohten auszusterben, weil die Kunsthandwerker keinen Nachwuchs ausbildeten, während gleichzeitig die Jugendlichen in den Vororten arbeitslos waren. Für Emilio Carrillo, Sozialist und bis zu den Wahlen vom Frühjahr 2003 eine Art Wirtschaftssenator von Sevilla, hatte die Hochtechnologie auf der *cartuja* nichts mit der Realität in der Stadt zu tun. »Sie warten«, und seine manikürte Hand wedelt Richtung Flussufer, »auf eine fliegende Untertasse – aber die landet nicht.« Sevilla müsse sich auf seine eigene Kraft und seine Qualitäten besinnen. »Sevilla es una ciudad mundial, pero no global« – Sevilla ist eine Weltstadt, aber sie ist nicht globalisiert –, sagt Wirtschaftsexperte Carrillo.

Schließlich kenne die ganze Welt die Stadt der Carmen und des Don Juan, aber in Zeiten der Globalisierung nützen die Geschichten der Romantik wenig. Die jährlich 2,6 Millionen Besucher aus aller Welt sichern zwar zwölf Prozent der Einnahmen und knapp 24.000 Arbeitsplätze, doch das ist Carrillo zu wenig. »Wie waren eine der ersten Weltstädte in einer globalisierten Wirtschaft«, sagt er, »auch wenn das schon vierhundert Jahre zurückliegt.« Damals verhalf ein königlicher Befehl der Stadt zu ungeheurem Reichtum, lockte Entrepreneure und Gesindel aus ganz Europa an, denn der gesamte Handel zwischen Spanien und den amerikanischen Kolonien musste über Sevilla abgewickelt werden. Somit war die Stadt zwischen dem 16. und dem 18. Jahrhundert die wichtigste Verbindung zwischen Europa und der Neuen Welt – bis der Gudalquivir versandete und die Schiffe nur mehr bis Cádiz fuhren.

Bis 2010 will Carrillo die globale Bedeutung für Sevilla wieder herstellen. »Wir wollen einen atlantischen Bogen zwischen Nordafrika, Europa und Lateinamerika schlagen und wieder zur Avantgarde gehören«, sagt Carrillo und kommt ohne große Gesten bei der Erläuterung seines Planes aus. Carrillo ist ein anerkannter Ökonom, der sich vor allem mit der Zukunft der Arbeit in Andalusien, einer der wirtschaftlich schwächsten Regionen Europas, beschäftigt hat. Bei einer Arbeitslosenrate von über dreißig Prozent in der Region und immer noch rund neunundzwanzig Prozent in Sevilla ist es keine leichte Aufgabe, eine positive Zukunft zu entwerfen.

Aber die Viertel der Stadt sollen zu einer prosperierenden Identität finden. Mit finanzieller Unterstützung der Europäischen Union hat sich die Stadtverwaltung daher einen der vergessenen Stadtteile vorgenommen. La Alameda heißt das Viertel, das direkt hinter dem Zentrum beginnt und das dennoch wie durch einen unsichtbaren Vorhang von der turbulenten Innenstadt abgeschnitten ist. Außer den Bewohnern verirrt sich zumindest tagsüber kaum ein *sevillano* oder gar Besucher in diese »zum Schweigen gebrachte Stadt«, wie Alicia Domínguez die Alameda nennt. Sie koordiniert die Entwicklungsprogramme der EU für Sevilla.

Zum Schweigen gebracht wurde das historische Viertel in den sechziger Jahren, als die bürgerliche Mittelschicht von der Alameda in luxuriösere Stadtteile zog. Wer blieb oder dazukam, war arm und wartet seitdem täglich auf sein Auskommen. Eine Prostituierte wartet in ihrem Hauseingang auf Kundschaft und nutzt die Zeit zum Sonnen. Die auf die Hüften gestützten Hände halten die aufgeknöpfte Bluse zurück, den üppig gefüllten silbernen BH streckt sie gen Himmel. Ihr Nachbar, der Drogendealer, wartet auch, ebenso wie die Frau, die in einer umgebauten Garage Kartoffelchips und Literflaschen *Cruzcampo*-Bier verkauft. Ein paar Straßen weiter, im noch immer bürgerlichen Teil der Alameda, warten die Händler von Kurzwaren, Miedern, Kolonialwaren und Devotionalien, die Buchbinder, Schnitzer und Gitarrenbauer.

»Das ist eine erstklassige Arbeit«, sagt der Korkwarenhändler zu einer *señora* mittleren Alters, die in karierten Hausschuhen seinen Laden betreten hat. Er wiegt einen der Heiligen Drei Könige aus Kunststoff in der Hand. Von Korkrinden und Stöpseln jeglicher Größe kann er nicht existieren, also verkauft er Saisonware. Krippenfiguren von November bis Januar, dann Luftschlangen und Karnevalsmasken, vor Ostern kommen die Nazarenerfiguren, die religiösen Kapuzenmänner für die *Semana Santa*. Ob es eine schöne Arbeit ist, interessiert die Dame nicht. Im Kloster damals hatten sie einen Balthasar mit einem ganz bestimmten Gesichtsausdruck. So einen will sie, und streckt sich, um auf die oberen Regale im Schaufenster schauen zu können. Eine Oase breitet sich dort aus, eine rote Lampe erleuchtet ein Lagerfeuer, an dem Hirten mit kastilischen Gesichtszügen sitzen. Auch darunter wird die Dame nicht fündig, nein, das gewindelte Jesuskind mit den blauen Augen und der zum Segen erhobenen Hand möchte sie auch nicht haben. Ungerührt haben die Frau des Korkhändlers und seine Schwiegermutter die Suche nach dem König beobachtet. Die Arme auf den hölzernen Tresen gestützt, warten sie, bis die Dame hinausgegangen ist. »Bis zum nächsten Mal«, wünschen sie einander, und der Korkhändler stellt sich wieder neben seine Frauen.

Für die kleinen Familienunternehmen hat sich Alicia Domínguez Kurse in Schaufenstergestaltung ausgedacht, damit überhaupt erst einmal mehr Kunden angezogen werden. Wenn die Ware attraktiver präsentiert wird, kommt vielleicht doch mal Laufkundschaft in die Läden. Sieben ehemalige Prostituierte haben dank der Initiative von Domínguez eine eigene Nähwerkstatt aufgezogen und immerhin sechzig arbeitslose Jugendliche sind in einer Arbeitsbeschaffung untergekommen, die zugleich den Kunsthandwerkern der Alameda ein Einkommen und Arbeit sichert. Sie haben die Kachelbilder und Tonlaternen der Plaza de España renoviert, neu modelliert und gemalt. Auf über hundert Wandbildern sind dort seit der iberoamerikanischen Ausstellung von 1929 historische Szenen der spanischen Provinzen und Städte auf bemalten Kacheln dargestellt. Die Plaza de España ist eine der meistbesuchten Sehenswürdigkeiten der Stadt, doch konnten die Besucher in den vergangenen Jahren manche Glanztat der spanischen Vergangenheit nur mehr erahnen. Die Kacheln waren gesprungen, die Glasur war verwittert und die Laternen hingen abgeknickt am Mast.

Die Renovierung ist noch nicht abgeschlossen, aber die Plaza de España ist wieder der Stolz der *sevillanos*. Brautpaare lassen sich auf den Brücken und Treppchen der Plaza de España fotografieren, Verliebte rudern auf dem kleinen Kanal im Kreis und am Sonntag machen die *sevillanos* auf dem Platz ihren üblichen *paseo*, für den die Übersetzung Spaziergang ein großes Wort ist. Die Brautpaare, die Verliebten und Familien kamen auch schon vor der Renovierung zur Plaza de España, aber so ist er schöner. Außerdem haben nun einige Dutzend Jugendliche eine Ausbildung und setzen die traditionelle Handwerkskunst fort. »Für die Menschen in Sevilla ist die Renovierung sehr, sehr wichtig«, sagt Alicia Domínguez, die die Arbeiten fünf Jahre lang begleitete, »es zeigt ihnen, dass der Verfall ein Ende hat und es aufwärts geht.«

Wenn die Suppe kocht

Gespräche beim Mittagessen oder Warum Carmen und Don Juan in Sevilla verführen

»Wisst ihr«, sagt Ester, »wisst ihr, was das Wichtigste ist?« Ester schaut in die Runde ihrer Freundinnen. Jeden Mittwoch treffen sich Ester, Isabel und Rocío zum Mittagessen. Umschichtig, jede Woche bei einer anderen. Zumindest theoretisch, denn Isabel kann nicht kochen und bei Ester kocht immer die *ama de casa*, die Haushälterin. Also sind sie fast jede Woche bei Ester. »Was meint ihr?«, fragt sie, nimmt noch einen Schluck Rotwein und schaut mit großen braunen Augen ihre Freundinnen an. »El Amor?«, sagt Rocío. »Nein, Sex«, entgegnet Ester. »Sex? Aber Sex ist langweilig ohne Leidenschaft, ohne Hingabe, ohne Romantik, und die gibt es nur, wenn du liebst«, entgegnet Isabel. »Ja ja ja, aber Sex bringt mehr Spaß als Liebe«, sagt Ester. »Meinetwegen Sex mit Liebe, aber an einem Nachmittag, wenn draußen die Hitze in den Straßen steht, die Sonnenstrahlen durch die geschlossenen Jalousien fallen und du dich mit deinem Liebhaber in den kühlen Laken räkelst, gefällt dir da die Liebe oder der Sex?« Ester guckt triumphierend. »Sobre todo – la pasión«, sagt Isabel. »Vor allem – die Leidenschaft«.

Auf Leidenschaft können sich die drei einigen. Leidenschaft ist erst die Würze des Lebens, denn ohne Leidenschaft ist alles Tun doch nur fade Aktion. Leidenschaft ist das Salz, das die Suppe zum Kochen bringt. So wie bei Doña Rosa, der Mutter von Yolanda, einer weiteren Freundin. Doña Rosa war mit sechzig Jahren früh verwitwet. Sie widmete ihr Leben der Erinnerung an ihren verstorbenen Mann – Gott hab ihn selig –, dem Gram und ihren Töchtern. Sie vergrub sich in ihren dunklen kastilischen Möbeln, stellte die silbernen Rahmen mit den Fotos auf der Anrichte mal mehr nach links, mal mehr nach rechts, wirbelte mit dem Staubwedel herum, ging am Nachmittag ins Café, auch mal in die Kirche und wartete auf das Wochenende, das sie bei einer ihrer Töchter zu verbringen gedachte. Wenn sie nicht bei den Töchtern auf dem Sofa saß und sie gemeinsam das Andenken des Vaters bewahrten, erwartete Doña Rosa die Ihren am Sonntag zum Mittagessen. »Und ihr wisst, was es heißt am Sonntag zum Essen zur Mama zugehen«, sagt Isabel. O ja, das wissen sie. Man kommt um zwei Uhr mittags und ist mit dem *café* nicht vor sechs Uhr fertig, geht dann in den Park de María Luisa spazieren, isst noch ein paar Teller gebackene Fische in einer Bar und kommt um elf Uhr nachts nach Hause. Jedenfalls war es so, bis Doña Rosa eines Tages eine Busfahrt unternimmt. »Bestimmt zur Jungfrau von Rocío«, brüllt Rocío. Eine dieser Touren für Senioren zu dem Wallfahrtsort der Jungfrau von Rocío, bei denen das Mittagessen im Preis eingeschlossen ist. Doña Rosa, mittlerweile 63, von großer Statur und sehr gepflegtem Äußeren mit gut gefärbtem vollem Haar lernt Luis kennen.

Luis ist zwar kein Rechtsanwalt wie der Selige, aber auch Witwer. Und sehr an der attraktiven Doña Rosa interessiert, die bei der Rückkehr nach Sevilla weder an die Blicke der anderen Reiseteilnehmer noch an das Andenken ihres verstorbenen Mannes denkt, sondern nur an kühle Laken und Luis. »Das ist Leidenschaft«, schließt Isabel ihre Erzählung. »Nein, das ist Gier«, findet Ester. »Und wie haben sie es gemacht?«, will Rocío wissen.« In dem Alter?« »Na wie schon. Wie du und ich und Isabel und die Tunten in der Alameda.«

Die Alameda liegt im Dunkeln. Vor den Bars am Rande des Platzes drängt sich, wer mit Freunden reden will. Wer seine Freunde erst später sehen will, sucht sich sein Vergnügen in den Gassen. Dort stehen Brünette und Blonde, Zierliche und Massige, Männliche und Weibliche, aber alle immer mit großen Busen. Erlaubt ist, was gefällt. Und es gefällt viel in Sevilla. Die große Blonde im grünen Mini und der silbernen Paillettenbluse gefällt ebenso wie die mit dem glatten schwarzen Haar, das sich mit ihrem schwarzen Abendkleid kaum von der Dunkelheit abhebt. Was sich unter dem Mini und dem Abendkleid befindet, mögen nur Kenner wissen. Die Tunten der Alameda verführen diskret und für Geld, ebenso wie die anderen Damen ihres Gewerbes.

Ob ihre Kolleginnen des 19. Jahrhunderts die Besucher der Stadt ebenso erfreut haben wie die heutigen Professionellen die *sevillanos* und ihre Gäste ist nicht überliefert. Fest steht jedoch, dass die Reisenden der Romantik die Frauen von Sevilla als die laszivsten, wildesten, schönsten und unerschrockensten Europas darstellten. Sie waren Erotik pur für die aus England und Frankreich kommenden Besucher. Eine permanente Verführung. Eine Versuchung. Ob die Reisenden wie der Franzose Prosper Mérimée oder der Engländer Richard Ford diese Erkenntnis aus Erfahrung oder aus reinem Wunschdenken in ihren Heimatländern weitergaben, ist nicht überliefert.

Ihr Urteil über die Frauen von Sevilla bildeten sich die Reisenden in der ersten Hälfte des 19. Jahrhunderts üblicherweise nach einem Besuch in der Tabakmanufaktur. In vier hintereinander liegenden Sälen in der Mitte der riesigen Tabakfabrik rollten rund dreitausend Frauen Zigarren. Die Luft muss schwül und von Nikotin gesättigt gewesen sein. Da die Frauen während der Arbeit so viel rauchen und Tabak kauen durften, wie sie wollten, hingen Rauchwolken in den Hallen. Um ihre Straßenkleidung zu schonen und weil die Luft dampfend und heiß war, hängten sie ihre Kleider an die Wand und arbeiteten im Unterrock. Sie besaßen keine andere Arbeitskleidung und verdienten als Lohnarbeiterinnen zu wenig, um sich mehrere Kleider leisten zu können. Ihren Lohn besserten sie dadurch auf, dass sie Zigarren aus der Manufaktur schmuggelten und verkauften. Da die Arbeiterinnen die meiste Zeit des Tages unter sich waren, sahen sie vermutlich auch nichts Anrüchiges daran, in einer Weise bekleidet zu arbeiten, in der sie niemals auf die Straße gegangen wären.

Die Frauen der Tabakfabrik waren die Attraktion für die männlichen Besucher der Stadt. Träume müssen sich ihnen erfüllt haben, wenn sie Hunderten von schwitzenden, in den Augen der damaligen Zeit halbnackten Frauen zuschauten, wie sie Zigarren rollten. Dergleichen exotische Szenen spielten sich verständlicherweise in den Textilfabriken Englands nicht ab.

Angeheizt wurden die Phantasien der Nordeuropäer durch Prosper Mérimée, der 1845 die Geschichte von Carmen erfand und damit eines der hartnäckigsten Klischees über Andalusien in die Welt setzte. Die Novelle vom tragischen Tod der Zigarrendreherin Carmen ist vermutlich sogar von einer wahren Begebenheit inspiriert, aber dennoch ist Mérimées Geschichte Fiktion. Doch der Franzose festigte nicht nur den Mythos der erotischen Andalusierin, er schaffte es sogar, alle romantisch verklärten Stereotype über Andalusien in seiner Geschichte unterzubringen: freiheitsuchende Räuber, von Stolz getriebene Edelmänner, Toreros und tanzende Zigeuner. Dreißig Jahre nach Mérimée brachte der Komponist Georges Bizet die Geschichte von Carmen als Oper auf die Bühnen Europas. Von da an war der Siegeszug des Klischees der rassig erotischen Andalusierin nicht mehr aufzuhalten.

Die Andalusierin, eigentlich die Spanierin an sich, ist seitdem Carmen – zumindest im Auge des Besuchers. Noch heute sind Touristen enttäuscht, wenn die Frauen von Sevilla nicht so aussehen, wie sie sich eine Andalusierin vorstellen. Carmen ist ein Mythos, der hervorragend in die Verklärung Andalusiens im 19. Jahrhundert passte. Freilich ist die glutäugige und temperamentvolle Andalusierin nur ein Klischee unter vielen, zu denen auch der Stierkämpfer und der ewig tanzende und singende Zigeuner gehören, die orientalischen Nächte in der Alhambra und die Räuberbanden der Sierra de Ronda. Überwältigt von den Geschichten über das orientalisch anmutende Andalusien, nahmen die Reisenden der Romantik nur wahr, was sie in ihrer Heimat über die in unzähligen Berichten reproduzierten Klischees gelesen hatten. Diese Berichte stammten nicht selten von Reisenden, die nur eine Woche in Andalusien verbracht hatten und etliche der beschriebenen Städte gar nicht gesehen hatten. Granada stand zum Beispiel nur selten auf dem Programm und die Berichterstatter beschränkten sich darauf, sich von den Geschichten ihrer früher dort gewesenen Kollegen inspirieren zu lassen.

Die Berichte über die mutmaßlich lasziven Andalusierinnen sind umso erstaunlicher, bedenkt man die alles durchdringende Präsenz der katholischen Kirche. Die rigiden Moralvorstellungen haben den Frauen Andalusiens das Leben noch bis weit ins 20. Jahrhundert erschwert. Bis vor wenigen Jahren war es in den Dörfern nicht ungewöhnlich, dass jung verwitwete Frauen nicht wieder heiraten konnten und ihr Leben lang allein blieben. Die Schicksale der Protagonistinnen aus den Theaterstücken von Federico García Lorca mögen Geschichte sein, aber jahrhundertelang hat genau die Tragik der unerfüllten Leidenschaften dem Leben der andalusischen Frauen entsprochen. Das Image der Andalusierin aus der Zeit der Romantik lässt sich allenfalls noch damit erklären, dass die englischen Besucher die lebensfrohere Art der *sevillanas* mit den Umgangsformen in ihrer prüden Heimat verglichen. »Die Fremden sind überwältigt von der Sinnlichkeit des andalusischen Klimas«, schrieb der spanische Philosoph José Ortega y Gasset 1921, »und sie sind überzeugt, dass die Andalusier eine leidenschaftliche, heißblütige Rasse sein müssen, wobei es in der Tat so ist, dass sie diejenigen sind, die diese wilden Emotionen durchleben.«

Carmen ist nicht allein. Auch das Klischee von Don Juan lebt noch, der allzeit bereit nur auf die schnelle Verführung und Befriedigung erpichte Andalusier. Die ursprüngliche Geschichte stammt von dem Priester Gabriel Téllez, der unter dem Pseudonym Tirso de Molina die Erzählung vermutlich 1616 aufgeschrieben hat und als »El burlador de Sevilla« – der Spötter von Sevilla – veröffentlichte. In den folgenden Jahrhunderten beflügelte die Figur des Don Juan Dutzende Dichter wie Lord Byron in England, Schriftsteller wie die Franzosen Mérimée und Dumas, Dramatiker wie Molière, Philosophen wie Kierkegaard und zahlreiche Komponisten. In mindestens vier Opern verführt Don Juan und mutiert bei Mozart schließlich zu Don Giovanni. Quer durch Europa festigen die zu ihrer Zeit jeweils erfolgreichen Fassungen das Bild vom Andalusier, eigentlich vom Spanier schlechthin, als dem rasanten Liebhaber.

Ein Klischee, bei dessen Erwähnung Ester, Isabel und Rocío nur müde mit der Hand abwinken können. »Claro«, sagt Isabel, selbstverständlich ist

Sevilla romantisch, wenn im März die Orangenbäume blühen und ihr süßer Duft durch die Straßen zieht. »Aber wie lange dauert das schon? Zehn Tage, höchstens zwei Wochen.« In der Zeit seien die *sevillanos* nicht heißblütiger, ausdauernder oder einfallsreicher als in den anderen Wochen des Jahres. Und mit der Leidenschaft sei es eben so wie mit dem Salz in der Suppe: Der eine nimmt eine Prise, der andere einen Löffel voll. Egal ob in Sevilla oder anderswo.

Doña Rosa kommt übrigens seit jener Busfahrt nur noch selten am Sonntag zum Mittagessen zu ihren Töchtern. Es sei denn, Luis kommt auch mit.

Die Jungfrau im Nacken

Die religiösen Bruderschaften von Sevilla

Trompetenstöße gellen über den schwarz glänzenden Guadalquivir. Trommelschläge hallen aus der Dunkelheit am Fuße des Goldturms an seinem Ufer. Die Trommler am Fluss geben für kurze Zeit den Takt der Melodie, der die Trompeten schrill folgen, um dann jedoch immer an derselben Stelle umzukippen, sich nur mehr durch die Nacht zu quälen und schließlich das ganze Orchester zum Erliegen zu bringen. Unverzagt beginnen sie von Neuem, denn in der *Semana Santa*, der Karwoche, müssen sie das Stück flüssig spielen. Sonst kommen ihre Brüder der *cofradía*, der religiösen Bruderschaft, unter der tonnenschweren Last der Marienstatue ins Schwanken. Die Melodie wird den Trägern den Takt angeben, sie einlullen und in Trance versetzen, um das Gewicht der Heiligen Jungfrau im Nacken zu ertragen.

In der *Semana Santa* werden die Männer der Bruderschaft die von ihnen verehrte Marienstatue durch die Straßen Sevillas tragen. Sie holen sie aus einer der zahlreichen Kirchen und bauen um sie herum mit Devotionalien, Blumen, Kerzen auf einem Holzgestell den so genannten *paso*. Ein Baldachin überdacht die Marienstatue, die reich geschmückt auf den Schultern der Männer durch Sevilla schwankt. Die Träger, die *costaleros*, bleiben unsichtbar hinter einem Vorhang aus Samt und Brokat, der das Holzgestell unter der Statue verdeckt. So entsteht – je nach Tritt und Takt der Träger – der Eindruck einer schwebenden oder tanzenden Jungfrau Maria.

Die Luft ist knapp unter dem Stoff, stickig, staubig und abgestanden. Denn das prachtvolle Tuch reicht bis auf den Boden und lässt kaum Luft in das Innere. Die *costaleros* stehen Schulter an Schulter, der Vordermann nur einen halben Schritt entfernt vom Träger hinter ihm. Durch ihre Anstrengung heizt sich die Luft unter dem Gestell auf, durch ihren Schweiß wird sie feucht und legt sich wie ein nasser Lappen den Trägern ins Gesicht. Vier, fünf, sieben oder gar zwölf Stunden werden sie die Statue so durch Sevilla tragen, ihr Nacken, auf dem das Gewicht ruht, wird anschwellen, die Haut sich abreiben und der Rücken wochenlang schmerzen.

Es ist ein Martyrium. Doch die *costaleros* nehmen diese Tortur nicht aus religiösem Eifer auf sich. Sie tragen die *pasos*, wie die reichgeschmückten Aufbauten heißen, weil es Tradition hat. Und weil es ihnen Spaß macht in der Gemeinschaft mit anderen Männern eine derartige Aufgabe zu bewältigen. Die Fortführung der Tradition erfüllt sie mit Stolz auf die eigene Leistung. Bis vor einigen Jahren waren die *costaleros* bezahlte Träger, denn schließlich wollten die reichen Bürger Sevillas sich nicht die eigene Gesundheit ruinieren. Die *costaleros* hatten nicht viel mit der Bruderschaft zu tun und verdienten ihr Geld sonst mit anderen Arbeiten.

Das Lob der Hundertausenden von Zuschauern, die zu Tränen gerührt dem schwankenden Einzug der angebeteten Statue in die Kirche folgen, ist der Lohn der heutigen Träger. Ein spontan gesungenes Lied aus der Masse und deren Bewunderung für die Marienfigur sind der Sold für die Plackerei. »Que guapa!« – welch eine Schönheit! – rufen Stimmen aus der Menge, wenn die von einem Strahlenkranz aus goldenem Blech umgebene Marienfigur vorbeigetragen wird. »Mas guapa que en el año pasado« – schöner als im Jahr zuvor, meinen die Zuschauer. Ein Raunen geht durch die dicht gedrängt stehende Menschenmenge, wenn die Träger der Jungfrau aus der Kirche von San Esteban das Portal auf Knien durchschreiten müssen, da das Tor so niedrig ist. »Ay! Ay! Ay!«, ruft die Menge in tiefster Bewunderung, wenn die *costaleros* mit ihrer Last von einem Bein aufs andere hüpfen und so der Musik scheinbar tanzend folgen. Die Heilige Jungfrau Maria gerät dabei in Schieflagen, als würde ihre Galeere in Seenot auf den Wellen rollen.

Die Bruderschaften von Sevilla verehren zwar jeweils eine bestimmte Marienstatue aus einer bestimmten Kapelle und sie sind ohne Zweifel religiös geprägt, aber ihre Mitglieder sind nicht zwangsläufig streng gläubig. Jeder Mann, jeder Junge, der groß genug ist, eine Kerze zu tragen, kann einer Bruderschaft beitreten. Jedes Mitglied darf dann der Prozession in Robe samt spitzer Kapuze und Gesichtsmaske folgen. Je länger er der Bruderschaft angehört, desto dichter darf er an dem *paso* gehen. In Sevilla heißen die Gestalten in den furchteinflößenden Kutten *nazarenos*. Ihre Kostümierung erinnert an die Vermummung des Ku-Klux-Klan und ihr Ursprung ist nicht weniger schauerlich. Die Schergen der Inquisition zogen einst in dieser Aufmachung durch Spanien.

Hinter dem *paso* herlaufen kann jeder ohne Vorbereitung. Die *costaleros* hingegen müssen ihre Schritte üben, ebenso wie die Musiker den Takt halten müssen. Zwei oder drei Wochen vor Ostern gehen die Träger nachts die Route der Prozession ab. Fünf Männer in einer Reihe, fünfzehn hintereinander tragen dann das nackte Holzgestell ohne die Marienstatue, ohne Vorhang und ohne Schmuck. Sie gehen in Stoffschuhen wie bei ihrem Auftritt in der *Semana Santa*, damit der Laut ihrer Schritte nicht die Atmosphäre stört. Auf dem Kopf und über den nackten Schultern tragen sie ein weißes Tuch, damit das Holz nicht gleich in den ersten Minuten die Haut zerreibt. Fast lautlos, nur von einem Rauschen der gedämpft tretenden Füße begleitet, schwebt das Gestell durch die Gassen. Dann und wann setzen die Männer ihre Last ab, stellen sich gerade hin und strecken den geplagten Rücken. Doch es vergehen nur wenige Minuten bis der *capataz*, der vor dem *paso* geht und Anweisungen gibt, einen metallenen Schlägel zweimal kurz hintereinander auf eine Metallplatte am Holzgestell schlägt. Es ist das Zeichen für die Männer wieder die Tücher zurechtzurücken, unter ihrer Tragestelle in die Knie zu gehen und auf den nächsten dumpfen Schlag zu warten. Der kommt kurz darauf, und wie von einer Hand gezogen springen 75 Männer gleichzeitig in die Höhe, stemmen das Gestell und rauschen im selben Moment wieder zu Boden. Mit einem satten Klatschen kommen 150 Füße auf dem Asphalt auf, um ohne innezuhalten in halben Schritten den Weg fortzusetzen.

Die Musiker üben noch immer. Die Nacht schluckt die Musik, die das Orchester der Bruderschaft spielt. Ungreifbar, aber ergreifend, wie die religiöse Verzückung der *sevillanos* in der *Semana Santa*, tönt ihre mittelalterliche Melodie über den Guadalquivir.

»Tapas« und Demokratie

Die Kunst der Kleinigkeiten auf dem Teller

Die Cervecería Giralda ist im Winter eigentlich ungemütlich. Auf dem Marmorfußboden bekommen die Gäste kalte Füße und die bis auf Kopfhöhe gekachelten Wände verströmen ebenfalls wenig Behaglichkeit. Durch die großen Fensterflügel zieht es, der Stuck an der Decke verleiht der Bar zwar ein orientalisches Aussehen, aber keine warme Atmosphäre. Aus der ganzen Stadt kommen die *sevillanos* in die Cervecería Giralda, hinter der Kathedrale und dem Turm La Giralda, dem Wahrzeichen der Stadt. An der hölzernen Theke mit dem Messinghandlauf kann man prima stehen und während des Essens mit einer freien Hand gestikulieren. Hier haben die Gäste auch einen guten Überblick über die Liste der *tapas*, die einer der wesentlichen Gründe für einen Besuch in der Cervecería Giralda sind. Der andere Grund ist nicht minder wichtig und sehr sevillanisch: Dort beginnt eben eine klassische *Tapa*-Runde am Abend. Und die *sevillanos* halten auf Traditionen.

Tapas haben zwar ihren Siegeszug durch Europa angetreten, aber die Hauptstadt der *tapa* ist unbestritten Sevilla. »En Sevilla no se come, se tapea« heißt es: In Sevilla speist man nicht, man isst *tapas*. Die kleine Köstlichkeit, die ebenso aus einem mit Lauchcreme gefüllten Seeigel wie aus einem kleinen Schweinefilet mit zerlaufenem Ziegenkäse bestehen kann, schmeichelt dem Gaumen gerade lang genug, bis ein Schluck Wein oder Sherry den Geschmack vervollkommnet hat. Eine gute *tapa* vermittelt einen perfekten Genuss, gerade lang genug, um die Aufmerksamkeit des flüchtigen Essers zu bannen und in einen kurzen Augenblick des Glücks zu versetzen. Eine *tapa* ist der Flirt mit dem Essen – intensiv, eindeutig und einen Moment lang die Gelüste befriedigend.

Sevilla ist seit dem Mittelalter berühmt für seine ausgefallene Küche und in den Herrschaftshäusern von Kairo und Damaskus raunte man sich damals bewundernd zu: »Wer in Sevilla Vogelmilch bestellt, bekommt sie auch.« In der Tat sind der Kreativität der Köche keine Grenzen gesetzt. Da die *sevillanos* die kleine Mahlzeit zu einem Glas Wein oder Bier zum Hauptgang am Abend erhoben haben, müssen sich die Sevillaner Köche ständig neue Kreationen ausdenken. Denn schließlich liebt ihre Kundschaft den außergewöhnlichen Genuss und die Sinnenfreude. Dabei kann eine *tapa* aus allem zubereitet werden, was die Küche hergibt. Sie kann gleichermaßen aus Oliven wie aus Entenbrust mit Himbeersoße oder einem Stück mariniertem Hundshai bestehen.

Die Küche des südwestlichen Andalusiens lebt von den Produkten der Region. Olivenöl, Knoblauch und Wein sind die Grundbestandteile fast jedes Gerichts. Hinzu kommen die Gemüsesorten der Saison: Tomaten, Paprika, Artischocken, Bohnen, Sellerie, Mangold, Spinat, wilder Spargel, Pilze. An der langen Atlantikküste kommen von gebackenen Sardellen über Seezungen und Goldbrassen bis zum Katzenhai Fische jeder Größe und Art auf den Tisch. Krabben, Langusten, Muscheln oder Hummer fehlen bei keinem vollständigen und sich über Stunden hinziehenden Menü. Auch kleine und im Ganzen gebratene Tintenfische, Strandschnecken und Garnelen regen in geringen Portionen den Appetit vor dem Hauptgericht an, zu dem in Andalusien häufig ein kalter *Fino* oder eine leichte *Manzanilla* getrunken werden.

Wenige Kilometer von der Küste entfernt bereichern zudem Geflügel, Wild, Rind und Schwein die Speisenfolge. Im Landesinneren gibt es kaum ein essbares Tier, mit dem die genussfreudigen Andalusier nicht mindestens ein Gericht zu kochen wüssten. Wildlebende Fasane und Rebhühner, Kaninchen und Wildschwein, Truthahn, Lamm, Huhn und natürlich das Rind gehören auf die Speisekarte jedes guten Restaurants.

Wörtlich übersetzt heißt *tapa* nichts anderes als »Deckel« und ihr Ursprung liegt wie bei so vielen Genüssen im Dunkeln. Die einen behaupten, dass in früheren Zeiten ein Stück Brot das in der Bar getrunkene Glas Wein abdeckte und so vor Fliegen schützte. Andere meinen zu wissen, dass die zum Wein gereichte Kleinigkeit den nüchternen Magen abdecken sollte und den Trinker vor den Folgen des Alkohols bewahren sollte. Wahrscheinlich jedoch ist, dass die Andalusier in früheren Zeiten nicht mehr zu essen hatten, als eine *tapa*. Einen Deckel für den knurrenden Magen.

»Tapas sind die Demokratisierung des Luxus«,

sagt Domingo Valenciano, Gourmet und Restaurantkritiker, und hält mit gespreizten Fingern eine Garnele hoch. Denn ob Unternehmer oder Arbeiter, Gräfin oder Putzfrau – den delikaten Geschmack einer frischen Garnele aus Sanlúcar de Barrameda an der nahen Atlantikküste können sich alle leisten. Die einen werden einen prallen Teller davon verspeisen, die anderen nur zwei oder drei Stück. Der Genuss jedoch ist unteilbar. Dabei kann es durchaus vorkommen, dass sie an derselben Theke lehnen. Die besten und frischesten Meerestiere werden in Andalusien nicht unbedingt nur an weiß gedeckten Tischen serviert, sondern ebenso an den hölzernen Tresen in den Fischerkneipen am Hafen.

Um die Demokratie möglichst ausgiebig zu genießen, drängt Domingo zum Aufbruch aus der Giralda. Denn zum *tapear* gehört auch, dass mehrere Bars und Restaurants besucht werden. In der Altstadt von Sevilla müssen Hungrige nicht lange laufen, um fündig zu werden. Doch wer etwas ganz Besonderes sucht, geht quer durch die Stadt in den Stadtteil rund um die Alameda de Hércules. Auf dem ungepflasterten Platz, der seinen Namen den ringsum stehenden Pappeln verdankt, versuchen am Abend die Prostituierten ihr Glück bei den Passanten, die sich tagsüber kaum in diese Gegend verirren würden. Junge *gitanos* und nachgewachsene Hippies wärmen sich an kleinen Feuern und reichen Zigaretten und Bierflaschen weiter. Seit Mitte der neunziger Jahre kommen wieder die bürgerlichen Berufe in die Alameda. Journalisten, Beamte, Künstler, Universitätsdozenten haben das »zum Schweigen gebrachte Viertel«, wie die Alameda genannt wird, entdeckt. Denn über Jahrzehnte waren die gut Verdienenden aus der Stadt gezogen und überließen La Alameda den Handwerkern, Händlern und Halbseidenen. Sie haben das Ambiente geschaffen, in dem Künstler ihre Ateliers haben, die Schwulen und Lesben Bars betreiben und kreative Köche Platz für ungewöhnliche Restaurants fanden.

Zwischen den altmodischen Kneipen mit ihren klassischen *Bacalao*-Gerichten aus getrocknetem Kabeljau und den fritierten Fischen in den Gassen der Alameda findet sich in der Calle Eslava die Eslava Bar. Frühes Kommen, also spätestens um 21.30 Uhr, sichert noch einen Platz an der langen Theke. Später stehen die Besucher in zweiter Reihe in der schmalen Bar und die an der Theke Sitzenden reichen die Teller mit gebeiztem Fisch, gebratenen Sardellen und den glänzenden Streifen Schinken von den schwarzen Schweinen nach hinten durch.

Das *cerdo ibérico,* das schwarze Schwein, ist prominent. Auf den weiten und menschenleeren Landstrichen in der nahen Sierra de Aracena werden die Schweine auf den saftigen Wiesen unter den Steineichen im Freien gehalten. Dort finden sie Kräuter, Wurzeln, Getier und vor allem die Eicheln der spanischen Steineiche, deren Wälder das sanfthügelige Gebirge durchziehen. Diese einzigartige Diät gibt dem Fleisch einen herzhaft-saftigen Geschmack, der nicht nur zahlreichen Gerichten zugute kommt. Das iberische Schwein liefert auch die wohlschmeckendsten und berühmtesten Schinken Spaniens. In der würzigen und reinen Luft der Sierra de Aracena, zwischen Huelva, Sevilla und Portugal, reifen die luftgetrockneten Schinken in dem kleinen Ort Jabugo zu einer beliebten Delikatesse heran. Erkennbar an der schwarzen Klaue, ist der Schinken in den Bars wie dem Eslava in eine spezielle Halterung eingespannt. Dort wird er immer frisch abgeschnitten und ist in feinen, schmalen Scheiben eine exquisite *tapa* zu einem Glas trockenen Sherry.

Trotz der Fülle und des Stimmengewirrs in der Bar Eslava können die Gäste in erstaunlicher Ruhe ihre kleinen Gerichte zu sich nehmen. Kaum ist ein Teller geleert, kommt einer der Barkeeper und fragt nach weiteren Wünschen. Vielleicht mal etwas Vegetarisches? Eine Torte aus wildem Spargel? Oder lieber die gebratenen Auberginen mit scharfen Paprika? Ein *Tapa*-Menü folgt derselben Speisenfolge wie ein herkömmliches Menü. Mit dem Vorteil, dass jeder Gang – Meeresfrüchte, Fisch, Gemüse, Fleisch – beliebig ausgedehnt werden kann. Da zu jedem anständigen andalusischem Menü ein Dessert gehört, können die Gäste im Eslava auch zwischen hausgemachten Eiscremes, Flans und Cremes wählen – selbstverständlich in der Größe einer *tapa*.

Es ist nicht erwiesen, dass Andalusier lieber essen als Menschen aus anderen Regionen. Sicher ist aber, dass sie sich lieber als Menschen aus Nordeuropa über das Essen unterhalten. Für Andalusier ist es entscheidend, woher die Zutaten stammen, woher das Öl kommt, die Wurst, die Bohnen, Kartoffeln, Tomaten und Linsen. Die besten Tomaten kommen aus dem Garten der Eltern, so viel ist klar. Fest steht auch, dass das beste Olivenöl aus Baeza und der beste Schinken aus Jabugo stammt. Aber der Käse? Die Linsen? Und die Wurst? Andalusier können sich ausdauernd über die Herkunft, den Geschmack und die günstigste Verarbeitung von allen Zutaten eines Eintopfes unterhalten, über die Reihenfolge, in der die Zutaten einer *paella* in die Pfanne gegeben werden müssen, über die richtige Menge Öl für eine *tortilla*. Sie sind wie fast alle Spanier Lokalpatrioten, aber sie können anerkennen, dass in einem der Heimat fernen Ort bessere Bohnen, Pfirsiche oder Paprika wachsen. Dass die Bewohner eines Bergdorfes den würzigeren Käse und die schmackhaftere Wurst herstellen als die Leute des eigenen Dorfes.

Tapas sind ein fester Bestandteil des Tagesablaufs und man möchte meinen, dass sie ihn geradezu gliedern. Mit einer *tapa* lässt sich der erste Hunger nach dem kargen spanischen Frühstück besänftigen. Ab zwölf Uhr mittags haben die Bars ihre gläsernen Auslagen auf den Tresen mit Tellern voll russischem Salat und Fleischbällchen in Mandelsoße bestückt, die eingelegten Sardellen präpariert und die Messer gewetzt. Das Mittagessen ist schließlich noch lange hin und wird von Südspaniern frühestens um zwei Uhr eingenommen. Am Abend sind *tapas* die willkommene Abwechslung nach einem langen Arbeitstag und ersetzen das eher förmliche Menü. Dafür braucht man Zeit, denn es kann sich über Stunden hinziehen. Das Abendessen im Restaurant ist daher eher festlichen Anlässen vorbehalten.

In Jerez de la Frontera, der Hauptstadt des andalusischen Landadels, bietet sich für stilvolle Abendessen das Restaurant Mesa Redonda an. Ein Paravent mit Entenmotiven schirmt die Gäste in der Mesa Redonda vom Eingang ab. Gegenüber, hinter einem Schreibtisch aus dem 19. Jahrhundert, nimmt Margarita de Carrixosa, die Dame des Hauses, die Tischwünsche der Neuankömmlinge entgegen. Sollte gerade kein Platz frei sein oder sollten die Herrschaften noch einen Aperitif in ungezwungener Haltung wünschen, dann bittet sie aufs Sofa, gleich gegenüber der Glasvitrine und der Seeschlacht in Öl. »Wir hatten so viele alte Möbel zu Hause, dass wir welche ins Restaurant gebracht haben, um ihm den gewünschten Rahmen zu geben«, erzählt José Antonio Valdespino mit locker übereinander geschlagenen Beinen auf einer mindestens zweihundert Jahre alten Bank sitzend. Mit seiner Frau betreibt er seit siebzehn Jahren die Mesa Redonda im noblen Teil der Stadt Jerez. Aus dem Haushalt der Valdespinos kommt auch Carmen, die in blauem Kleid mit weißer Schürze die Gerichte serviert und den Wein bei Bedarf umsichtig nachschenkt.

José Antonio Valdespino kocht nur, was er selbst eingekauft hat. Dabei ist er immer auf der Suche, die traditionellen Gemüse, Kräuter, Fleisch- und Fischsorten der Saison modern zu variieren. »Jerez ist eine kleine Stadt«, sagt er, »da muss ich mir was einfallen lassen, um die Gäste zu halten.«

Zu Hilfe kommt ihm seine Leidenschaft für Kochbücher der vergangenen Jahrhunderte. In dem verglasten Bücherschrank in der Mesa Redonda bewahrt er neben den Bildbänden und Kochbüchern aus aller Welt über fünfzig handgeschriebene Rezeptbücher aus den Häusern der Jerezaner Oberschicht aus den vergangenen zweihundert Jahren auf. Und dort, zwischen den Kladden, den handgeschöpften Papieren und den bemalten Pappeinbänden, hat Valdespino auch die Kopie eines Kochbuchs vom Hofe des Kalifen von Córdoba aus dem 13. Jahrhundert. »Was wäre unsere Küche ohne die Araber?«, fragt er. »Sie haben uns beigebracht zu kochen.« Überhaupt wäre die Küche von Jerez ohne das Amalgam der Völker in der Stadt unvorstellbar. Die römischen Legionäre erfanden in ihren kargen Unterkünften die kalte Suppe aus Olivenöl, Wasser, Knoblauch und Gemüse, die später *gazpacho* genannt wurde. Die Araber brachten nicht nur die Pflanzen und Gewürze aus ihrer Heimat mit, sondern lehrten die Spanier auch die Raffinesse, sie zu verwenden. Die aus Armut in der Wildnis sammelnden *gitanos* zeigten den Andalusiern, dass der wilde Spargel in den Hainen köstlich schmeckt und das Grünzeug am Wegesrand Rosmarin und Oregano ist. Die englischen und holländischen Kaufleute schließlich brachten im 18. Jahrhundert »die Kultur des Weins in der Küche zu uns«. José Antonio Valdespino weiß die Geschichte und Kultur seiner Stadt kulinarisch in den Geschmack des 21. Jahrhunderts umzusetzen. Und während der Gast bei einem Glas Sherry, der denselben Namen trägt wie der Herr des Hauses, auf Wildschweinfilet in Sherry-Soße wartet, umsorgt ihn Señora de Carrixosa fast wie in ihrem Wohnzimmer daheim.

Mandel-Gazpacho

50 Gramm Knoblauch
200 Gramm Mandeln
200 Zentiliter Olivenöl
500 Gramm Weißbrot
50 Zentiliter Sherry-Essig
Salz

Die Mandeln zu Pulver mahlen. Den geschälten Knoblauch hinzufügen und ebenfalls mahlen. Das Olivenöl und den Essig dazu geben und so lange rühren, bis eine weiche und homogene Masse entstanden ist. Das Brot von der Rinde/Kruste befreien und in ausreichend Wasser einweichen. Die Masse zu der Mandelpaste geben, vermengen und so viel Wasser unterrühren, bis die gewünschte Konsistenz erreicht ist. Mit Salz abschmecken. Damit die Suppe noch cremiger wird, kann man ein rohes Ei unterrühren.

Andalusische Gazpacho

1 Kilogramm Tomaten
150 Gramm Zwiebel
100 Gramm grüne Paprika
50 Gramm Knoblauch
150 Zentiliter Olivenöl
50 Zentiliter Sherry-Essig
Weißbrot, Salz, Wasser

In einem Mörser alles gut miteinander vermengen. Zuerst den geschälten Knoblauch hineingeben, dann nach und nach den geschnittenen Paprika hinzufügen und dann die anderen Ingredienzien fein rühren, Öl und Essig hinzugeben, um eine cremige und homogene Masse zu erlangen. Wasser dazugeben, bis die gewünschte Konsistenz erreicht ist.

Man kann noch Chilischoten, hart gekochte oder rohe Eier, Mayonnaise etc. dazugeben und die Mengen je nach Geschmack verändern, denn schließlich existieren in jedem Haus andere Rezepte der volkstümlichen Gerichte. Außerdem kann die *gazpacho* heutzutage selbstverständlich auch in einem Mixer oder mit dem Rührgerät hergestellt werden und muss nicht im Mörser gerührt werden.

Die Erdbeerpflückerinnen von Huelva

Goldrausch im Wilden Westen Andalusiens

Im Industriegebiet von Palos de la Frontera riecht es nach Erdbeeren. Durchdringend wie ein künstlicher Aromastoff hängt der süßliche Geruch in der Luft, den nicht mal die Auspuffabgase der Kühllaster vertreiben. Unablässig fahren ab Ende Februar Lastwagen aus Spanien, Frankreich, Deutschland und England vom Hof der Kooperative Cora, dem vermutlich größten Erdbeerproduzenten Europas. Sie bringen die Erdbeeren der Sorte Camarosa, meist schon in Fünfhundert-Gramm-Schälchen verpackt und in Zellophan getütet, nach Berlin und Lyon, Barcelona und Wien, wenn auf den Straßen dort noch kalter Regen fällt.

Die Camarosa hat Palos de la Frontera verwandelt. Nein, sie hat die halbe Provinz Huelva im äußersten Südwesten Andalusiens verwandelt. Camarosa – eine Erfindung von Gentechnikern der Universität Kalifornien – wächst unter Plastikplanen auf mittlerweile mindestens 6500 Hektar und hat einen Goldrausch im Wilden Westen Andalusiens ausgelöst. 420 Millionen Euro setzen die Erdbeerproduzenten von Huelva mit den roten Früchtchen im Jahr um. Vor zwanzig Jahren, als alles anfing mit dem Erdbeerboom in Huelva, erreichten sie nur die vergleichsweise bescheidene Summe von 21 Millionen Euro.

Camarosa hat Arbeit nach Huelva gebracht. Die Packerinnen im Industriegebiet, Fahrer, Verwalter, Spediteure, Bauunternehmer verdanken Camarosa ihr Auskommen. Sie eröffnete Landbesitzern eine neue Quelle des Reichtums, denn endlich konnten sie auf dem Sandboden etwas anbauen, das Menschen in Spanien und Europa teuer bezahlen. Die Chemie-Industrie freut sich über Camarosa, braucht die Beere doch eine Menge Dünger und Pestizide in ihrem kurzen Leben. Die Kunststoffindustrie liefert Tausende von Quadratkilometern Plastikplanen für die Treibhäuser, in denen Camarosa schon Ende Februar geerntet werden kann.

Camarosa trägt erstaunlich große und sehr rote Früchte, matscht langsam und ist daher gut zu vermarkten. Sie ist lukrativ. Zwischen zwei und vier Euro pro Kilo hat sie im Frühjahr 2003 auf den verschiedenen europäischen Märkten gebracht, kostet den Produzenten aber nur sechzig Cent pro Kilo in der Herstellung. Camarosa ist ansehnlich, sie ist fest und rot, schmeckt nach Erdbeere und sie riecht sogar danach. Sie hat nur einen Nachteil: Sie muss wie alle Erdbeeren von Hand geerntet werden.

Die Menschen von Huelva machen das schon lange nicht mehr. Erst haben sich Marokkaner in der Hitze der Plastiktunnel nach den Erdbeeren gebückt. Portugiesische Tagelöhner haben sie dabei unterstützt. Seit Anfang der neunziger Jahre kamen Schwarzafrikaner dazu, die niemand nach ihrem Herkunftsland oder nach Papieren fragte. Sie arbeiteten noch billiger als die Marokkaner, die teilweise von den Erdbeerproduzenten direkt in ihrer Heimat angeworben worden waren, aber meistens auch illegal im Land lebten. Daran störte sich niemand im Wilden Westen Andalusiens, denn ohne die billigen Arbeitskräfte wäre der Goldrausch unter den Plastikplanen nicht möglich gewesen. Aber die Marokkaner blieben zu oft nach Ablauf der Saison. Sie kehrten einfach nicht dahin zurück, wohin die Andalusier seit der Vertreibung der letzten Moslems alle *moros*, wie sie die Bewohner Nordafrikas abschätzig nennen, hinwünschen: in die Länder südlich des Mittelmeeres.

Um so mehr schätzen die Erdbeerproduzenten ihre neue Entdeckung: Frauen aus Polen und Rumänien. »Sie behandeln die Erdbeeren zarter«, sagt ein Aufpasser auf einem Feld im Wald zwischen Mazagón und Moguer unweit von Palos de la Frontera. Außerdem sind die Polinnen fast alle katholisch und die Rumäninnen verstehen und sprechen relativ schnell Spanisch. Die meisten der Pflückerinnen sind jung, sie sind arbeitsam, folgsam und lungern an den freien Tagen nicht in großen Menschentrauben vor den Cafés herum. Im Gegenteil, sie beleben das öde Leben in den Ortschaften. Finden zumindest die ansässigen Männer. Und die Polinnen und Rumäninnen reisen alle nach der Ernte wieder ab.

Dreißig Euro erhält Maria für sieben Stunden Erdbeeren pflücken. »Hoy no«, sagt Maria aus Rumänien und macht eine abwehrende Geste. »Todos verde.« Alle Erdbeeren ihres Plantagenbesitzers sind noch grün an dem Tag. Das ist schlecht für Maria, denn wenn sie nicht pflückt, bekommt sie kein Geld. Mit ihren Freundinnen Aurelia, Alexandra, Celia und der anderen Maria hat sie sich deshalb auf den Weg von ihrer Unterkunft in Mazagón an der Atlantikküste ins Innere des Landes aufgemacht. Sie wollen nach Moguer. Sie haben gehört, dass die Supermärkte dort billiger sind als in dem Ferienort Mazagón. In dem ausufernden Ort mit Hunderten von Ferienhäusern leben im Winter 3100 Menschen, zu denen im Sommer fünfzigtausend Urlauber aus dem heißen Hinterland von Huelva und Badajoz kommen. Maria und ihre Freundinnen gehen die 21 Kilometer von Mazagón nach Moguer zu Fuß, um sich günstige Getränke zu kaufen.

Die Sonne sticht schon Anfang März, die Luft ist trocken in dem Pinienwald, durch den die schmale Straße führt. Auf den ersten Kilometern hinter Mazagón haben noch Erdbeerplantagen inmitten der Ausläufer des Nationalparks Coto de Doñana für ein bisschen Abwechslung auf der Strecke gesorgt. Aber selbst wenn die Plastiktunnel sich schier endlos hinziehen, ist damit nach zwölf Kilometern Schluss. Bei jedem vorbeirasenden Laster sind die Frauen ins Gestrüpp gesprungen, gewunken haben sie schon lange nicht mehr.

Sie sind froh, als ein Auto hält. Auf gar keinen Fall wollen sie sich trennen, no, no, no. Alle fünf oder gar keine fährt mit. Sie sind zusammen im Bus aus Rumänien gekommen, sie wohnen zusammen, sie quetschen sich schließlich zu viert auf die Rückbank. Maria sitzt vorn. Sie will auf den Plantagen nahe Moguer auch ihre Schwester suchen, von der sie nach der Ankunft in Mazagón getrennt wurde. Sie hat keine Adresse von ihr und keine Ahnung, auf welcher der Plantagen sie sein könnte.

Die Plantagenbesitzer von Huelva haben für die Ernte 2003 mit 12.000 Polen und Rumänen schon in ihrem Heimatland einen Vertrag abgeschlossen. »Einen Arbeiter aus dem Ausland zu holen, scheint heutzutage mehr dem Leihen einer Maschine gleichzukommen«, hat die Tageszeitung *El País* über die Erdbeerpflückerinnen geschrieben. Die meisten Zeitarbeiter sind Frauen. Die Erdbeerproduzenten hätten gern 18.000 Menschen aus Osteuropa nach Huelva geholt, aber so viele Arbeits- und Aufenthaltsgenehmigungen wollte der spanische Staat nicht ausgeben. Die Plantagenbesitzer zahlen die Busfahrt nach Huelva und stellen die Unterkunft. Von dem Tageslohn behalten sie einen Teil für die Rückfahrt ein, die der Arbeiter selbst zahlt. Die andalusischen Farmer haben trotz dieser Kosten nur Vorteile an den neuen Arbeitskräften. Sie können die Pflückerinnen auf den Tag genau bestellen und sich in den Herkunftsländern ihre gewünschten Arbeitskräfte aussuchen.

Ob das Auto mit fünf Fahrgästen um zwei Personen überladen ist, interessiert in Moguer niemanden. »Ay, las mujeres de la fresa«, begrüßt eine ältere Frau in Kittelschürze freudestrahlend Maria und ihre Freundinnen. Die Erdbeerfrauen sind da. Sie erregen Aufmerksamkeit in einer Region, die Menschen jahrhundertelang verlassen haben, weil sie genug von Hunger und Entbehrung hatten. Das westliche Andalusien ist seit Jahrhunderten eine der ärmsten Regionen des ländlichen Spaniens. Wer konnte, ging nach Amerika. Wer blieb, wanderte dann im 19. Jahrhundert in die Industriegebiete Kataloniens und im 20. Jahrhundert nach Europa aus. Sie hinterließen armselige Dörfer und Kleinstädtchen wie Moguer, in dem noch heute die Straßen abrupt hinter dem letzten Haus im Feld enden. Während der Diktatur siedelte Franco in der Provinzhauptstadt Huelva Raffinerien und Chemie-Industrie an. Huelva wurde zum Bitterfeld Spaniens. Gelber Regen fiel, die Abgase der Industrie nahmen den Menschen jahrzehntelang den Atem. Die Stadt Huelva stank nach ätzender Chemie. Seit der Großtat des Diktators führen die Stadt und die umliegenden Ortschaften das Krebsregister Spaniens an.

Einen guten Supermarkt gibt es in Moguer nicht. Es gibt überhaupt wenig, das Moguer attraktiv erscheinen lässt. Die rund dreißig Marokkaner, die vor einem Teeladen mit arabischen Schriftzeichen die Zeit totschlagen, machen Maria und ihren Freundinnen Angst. »Maroqui peligroso«, sagt Maria. Die Marokkaner sind gefährlich, hat Maria gelernt. Woher sie diese Erkenntnis hat, kann ihr nicht entlockt werden. Fest steht aber, dass die Marokkaner nur noch Arbeit bekommen, wenn die Hände der Erdbeerfrauen nicht ausreichen, die Früchte zu pflücken. Im Laufe der Saison bis Anfang Juni wird das ziemlich häufig der Fall sein. In der Hauptzeit brauchen die Produzenten sechzigtausend Pflücker täglich, um die über dreihunderttausend Tonnen Erdbeeren von den Feldern zu holen.

Den Schwarzafrikanern, Letten, Russen und anderen Tagelöhnern geht es Anfang März nicht anders als den Marokkanern. Sie bilden ein riesiges Heer an Arbeitskräften, auf das die Plantagenbesitzer zurückgreifen können. Wenn sie wollen, denn für die Hauptarbeit haben sie die von ihnen ausgewählten Vertragsarbeiter aus Osteuropa. In Marokko, Ghana, Nigeria, Lettland und Russland hat sich diese Praxis offensichtlich noch nicht herumgesprochen. In allen Orten der Erdbeerprovinz Huelva fallen die schweigsamen Männer auf, die allein oder in kleinen Gruppen auf Parkbänken sitzen, herumstehen und durch die Straßen huschen. Schwarze in staubigen Stoffhosen und fast abgelatschten Badeschlappen, Weiße in graublaubeigen Anoraks und Halbschuhen, die die Misere Osteuropas in den Westen Andalusiens tragen. Sie versuchen so unauffällig wie möglich zu sein. Aber sie fallen durch ihre traurigen Gesichter auf.

Sichtbar werden die auf Arbeit hoffenden Tagelöhner jeden Dienstag, wenn die Caritas in Mazagón Tüten mit Lebensmitteln verteilt. Bauch an Rücken an Bauch drängen sich die Menschen im Vorgarten der Backsteinkirche am Strand, aus der die Helfer weiße Plastiktüten reichen. Zehn Meter drücken sich die Ghanaer, Letten, Russen und Malier den Weg entlang, der zwischen Gartentor und Kirchentür liegt, die auf der Straße Stehenden drängeln nach, schwarze und weiße Hände fuchteln über den Köpfen der unüberschaubaren

Masse vor dem Gartenzaun. Wer eine Tüte mit Milch, Keksen, Konserven und Saft ergattert hat, zieht schweigend von dannen. Sie verschwinden mit gesenktem Blick in den Straßen, die von den leer stehenden Häusern der Sommerfrischler gesäumt sind.

Die Tagelöhner ernähren sich von den Almosen der Bewohner von Palos de la Frontera, Mazagón und Moguer, denn viele der Tüten sind Spenden von Menschen, die die Armut kennen. »Die Schwarzen leben unter Plastikplanen, irgendwo im Wald«, sagt der Besitzer des Supermarktes gegenüber der Kirche. Jeden Dienstag sieht er durch die Glasscheiben seines Ladens das Gedränge auf der anderen Straßenseite. »Man gewöhnt sich daran«, sagt er, »sie ziehen alle nur durch.«